Gestión Ágil de Proyectos

Cómo Hacer más Felices a sus Clientes mientras Reduce Costos Monetarios, Temporales y de Esfuerzo

© Copyright 2018

Reservados todos los derechos. Ninguna parte de este libro puede ser reproducida sin consentimiento escrito del autor. Los críticos podrán citar pasajes breves en sus artículos.

Esta publicación no podrá ser reproducida ni enviada por ninguna forma o medio, mecánico o electrónico, incluyendo fotocopiado o grabaciones, o por ningún sistema de almacenamiento y recuperación de datos, o enviada vía email sin consentimiento escrito del editor.

Mientras se hacen todos los intentos por verificar la veracidad de la información contenida en esta publicación, ni el autor ni el editor asumen la responsabilidad por errores, omisiones o malas interpretaciones del tema tratado en esta publicación.

El fin de este libro es el entretenimiento. Los puntos de vista expresados son solo del autor, y no deben ser tomados como instrucciones u órdenes de un experto. El lector es responsable por sus propias acciones e interpretaciones del contenido.

Mantenerse al margen de las leyes y regulaciones internaciones, federales, estatales y locales que rigen las licencias profesionales, prácticas comerciales, publicitarias y todos los aspectos referentes al comercio en los Estados Unidos, Canadá, Reino Unido u otra jurisdicción es completa responsabilidad del comprador o lector.

Ni el autor ni el editor asumen responsabilidades u obligaciones de ningún tipo en beneficio del comprador o lector de este material. Cualquier agravio a un individuo u organización en estas páginas es mera coincidencia.

Índice

INTRODUCCIÓN 1
CAPÍTULO 1: ¿QUÉ ES LA GESTIÓN ÁGIL DE PROYECTOS? 3
CAPÍTULO 2: GESTIÓN ÁGIL DE PROYECTO VS. GESTIÓN
TRADICIONAL DE PROYECTOS 8
CAPÍTULO 3: RAZONES PARA ELEGIR ÁGIL 13
CAPÍTULO 4: PRINCIPIOS Y VALORES DE LA GESTIÓN ÁGIL DE
PROYECTOS Y EL MANIFIESTO ÁGIL 19
CAPÍTULO 5: TRES PRINCIPIOS EXCLUSIVOS 26
CAPÍTULO 6: PRUEBA DE INDICADORES ÁGIL 30
CAPÍTULO 7: METODOLOGÍAS ÁGIL - LEAN, SCRUM, XP, KANBAN,
CRYSTAL, FDD 37
CAPÍTULO 8: CÓMO ESTABLECER ROLES BAJO ESTA
METODOLOGÍA 44
CAPÍTULO 9: CÓMO CREAR EL AMBIENTE ADECUADO 50
CAPÍTULO 10: PLANEACIÓN DE SPRINT, EJECUCIÓN Y REVISIÓN 55
CAPÍTULO 11: CONTROL DE CALIDAD 60

CAPÍTULO 12: CONTROL DE RIESGOS.. 65
CAPÍTULO 13: CONSEJOS FINALES 71
CONCLUSIÓN... 76

Introducción

En los próximos capítulos le enseñaremos todos los detalles que debe conocer para implementar de manera exitosa la gestión ágil de proyectos en su negocio. Disfrutará de mayores ganancias, eficiencia e inversiones; pero, para llegar a esto, primero deberá entender qué es la gerencia de proyectos y qué diferencia a la metodología ágil de los enfoques tradicionales. Hay muchas razones convincentes por las cuales querrá elegir este método sobre otras opciones, las cuales serán presentadas en el capítulo 3. Una vez que haya entendido lo valiosa que es esta herramienta, se le proveerá un esquema para que pueda implementarla.

Cuando esté listo para implantar esta metodología en su lugar de trabajo, necesitará conocer sus principios y valores también, para poner a prueba su proyecto y determinar si es un candidato adecuado para este tipo de gestión. El próximo paso será aprender a aplicar estos valores y principios en su proyecto, incluyendo la asignación de roles y ambiente. Finalmente, después de implementar este método para completar un proyecto, tendrá que revisar los resultados para evaluar la efectividad de la implementación y dónde es necesario realizar ajustes para el futuro. Esto incluye el control de calidad y los riesgos. Después de todo, su esfuerzo en la planeación puede llevarle a repetir los resultados exitosos en el futuro, pero querrá asegurarse de que esos resultados eran los esperados en términos financieros y de eficiencia. ¡Ahora, prepárese para aprender todo lo que necesitaba para encaminar su negocio hacia la felicidad de sus clientes, bolsillos llenos, más tiempo libre en su calendario, ¡y menos estrés!

Capítulo 1: ¿Qué es la Gestión Ágil de Proyectos?

Quizá haya intentado utilizarla antes o solo haya escuchado rumores sobre ella, pero una cosa es segura: no puede negar que un gerente de proyectos es una especie de superhéroe. Sus clientes esperan resultados que se ajusten a un tiempo establecido y al presupuesto. Pero los requisitos suelen cambiar en más de una ocasión. Esto es un hecho común y es la razón por la cual debería considerar esta gestión de proyectos por encima de los enfoques tradicionales. Con ella, incluso cuando las fechas de entrega cambian, puede mantener a sus clientes informados sobre el estado del proyecto y el cumplimiento de los objetivos. Esto es posible porque un gerente ágil recibe feedback de manera constante, y la transparencia del proyecto es mayor. Ellos pueden responder con mayor rapidez a los cambios y problemas durante el proceso. Lo que implica que los resultados son mejores y llegan en menos tiempo.

¿Qué es Ágil?

Ágil es más que una reunión diaria. No puede decir que su equipo es "ágil" hasta que entienda qué hay detrás de esto y qué roles son necesarios. Aceptar los cambios, realizar trabajo de calidad, dar información sobre el progreso del proyecto, controlar el presupuesto, manejar el tiempo, y mantener una perspectiva clara son los beneficios de este tipo de gestión. Esto es totalmente distinto a las gestiones de proyectos tradicionales que pueden resultar torpes, costosas y propensas a los errores. Anteriormente, la gestión de proyectos solo daba resultados insatisfactorios, hasta que ágil apareció.

Introducida en 1957, la gestión ágil de proyectos, también conocida como gestión iterativa de proyectos, se mantuvo en la sombra hasta 2001. Cuando el Manifiesto Ágil fue presentado, ágil se convirtió en un tema relevante, especialmente en el mundo del desarrollo de software. Este manifiesto hacía hincapié en la necesidad del trabajo en equipo y la adaptación rápida a los cambios, dos de los procesos más complicados en las gestiones tradicionales. Los proyectos pueden ser debilitados por retrasos largos y costosos, especialmente cuando el cliente ha esperado mucho para dar los toques finales a las expectativas del mismo antes de obtener sus resultados. Ser ágil le permite estar en control, siendo capaz de satisfacer las necesidades del cliente con lo que quieren en el momento justo, haciéndose ver como una estrella al mismo tiempo.

En lugar de centrarse en un proyecto como un ente complejo que tiene fases que deben ser completadas en orden, ágil le permite dividir el mismo en pequeñas porciones que pueden ser desarrolladas paralelamente en pocas semanas, contribuyendo al objetivo final: terminar el proyecto. El tiempo requerido para completar una porción del proyecto, generalmente, no lleva más de cuatro semanas. La gestión tradicional es compleja, necesita más tiempo, y solo se centra en el proyecto como una unidad. Con ágil, puede dividir el proyecto de la manera más conveniente y darle la oportunidad a los equipos de diseñar, crear, construir, y evaluar su parte antes que integrarlas todas. Otra diferencia fundamental entre ágil y la gestión tradicional es que la primera cuenta con tres roles para manejar las responsabilidades, mientras que la segunda solo tiene uno.

Los tres roles de ágil incluyen:

1. *Propietario del Producto* – Define los objetivos del proyecto, evalúa el alcance en relación a la fecha para la negociación, se encarga de los cambios necesarios a los requisitos del proyecto y delinea las características de las prioridades del producto.
2. *Scrum Master* – Ayuda al grupo con las prioridades de las tareas, y eliminar los problemas que pueden afectar a la habilidad del grupo para completar ciertas tareas. Este es el rol más nuevo para ágil.
3. *Miembros del Equipo* – Completan las tareas asignadas, se encargan de los detalles todos los días, reportan el progreso realizado, y supervisan el control de calidad del producto.

Quizá haya oído palabras como *Kanban, Lean* y *Scrum*. Todos estos conceptos son métodos de gestión de trabajo cuya estructura básica fue derivada de ágil. Todos evolucionaron su manera, pero su raíz común en esta metodología es la responsable del alto grado de éxito que cada uno de ellos es capaz de lograr.

¿Por qué ágil es importante?

Una de las partes más importantes de la gestión ágil de proyectos es la habilidad de examinar y ajustarse. Si ha intentando usar ágil antes y lo encontró difícil, es probable que no conociera esta parte. Cuando usted incluye esta función en su gestión de proyecto, notará que cada entrega del producto viene con una mejora. Adicionalmente, sus clientes pueden esperar mejores resultados de las entregas de sus equipos, y su compañía aumentará su valor.

El proceso bajo el sistema ágil incorpora una evaluación de tiempo y costos, y los considera como su obligación principal. Para dar un rendimiento de calidad e involucrarse en los procesos establecidos, sus equipos deben estar comprometidos a expresar cualquier comentario pertinente a la tarea que están realizando, con el fin de realizar los ajustes necesarios y mantener un protocolo que asegure la calidad del trabajo. Las mediciones son entregadas en tiempo real a los gerentes ágiles a través de diagramas de "Flujo Acumulativo", "Quemado" y "Velocidad". Esto reemplaza a los instrumentos tradicionales como los Diagramas de Gantt, hojas de cálculo de Excel o hitos ridículos. Estos cambios son los que hacen que ágil sea importante para el éxito de su negocio; cuanto más rápido se complete el proyecto y cuantos menos errores haya al final, menores serán los costos monetarios para usted.

La Escalabilidad de ágil

Las compañías pueden cometer el error de tener un equipo ágil exitoso y luego crear otro sin tener fijada una meta clara para su expansión. Esto suele terminar en varios equipos trabajando en tareas independientes y haciendo uso de herramientas que no están conectadas a la visión singular de la compañía. La razón detrás de esto es que llevar este sistema a una escala más grande requiere hacer un seguimiento de la actividad dentro de la compañía y considerar muchos factores. Dicho esto, la expansión puede hacerse de manera más eficiente, siguiendo algunos pasos clave. Por ejemplo, un gerente de proyectos, que tiene claro que una de las tareas más importantes de su trabajo es hacer un balance entre la entrega y el retorno de la inversión, es fundamental para el éxito de la escalabilidad. Esto implica que el gerente debe entregar los objetivos a tiempo, utilizando un proceso que opere al menor costo y genere el mayor retorno de inversión posible de manera consistente. La mejor manera de hacer esto es hacer que la gestión ágil de proyectos trabaje de la mano con el equipo Scrum. Esta configuración permite que este proceso sea repetido fácilmente en varios proyectos y equipos. Repetir este proceso también resulta exitoso en ubicaciones alternativas. Un equipo de gestión ágil que trabaja con Scrum crea una ubicación central para todos los defectos, pruebas, tareas, peticiones y requisitos y los convierte en un pozo de conocimiento invaluable. El equipo puede trabajar al unísono y tomar decisiones sin perder tiempo, al mismo tiempo que provee a las partes interesadas con la información pertinente para cubrir sus necesidades en el momento adecuado.

Las Fortalezas de ágil

La ventaja principal que ofrece este tipo de gestión es su flexibilidad. Puede adaptar este proceso a cualquier cosa que necesite. Esta es una de las razones por las cuales fue utilizado como la base de otros sistemas, como Lean o Kanban. El concepto ágil de dividir su proyecto en varias piezas que pueden ser completadas simultáneamente e integradas posteriormente, le permite modificar cualquier detalle para ajustarlo a sus necesidades.

Le segunda ventaja es la prioridad de las respuestas al cambio, en lugar de apegarse al plan. Esto guarda una relación estrecha con la flexibilidad de la gestión; sin embargo, es un rasgo distintivo que coloca a ágil en otro plano. Puede realizar entregas continuas de su producto si tiene un camino delineado y un sistema que le ayude a conseguirlo.

Las Debilidades de Ágil

Como suele ocurrir con frecuencia, la mayor fortaleza puede convertirse en la peor debilidad. Dicha flexibilidad puede convertirse en falta de atención y motivación para completar el proyecto si no hay un seguimiento. Tener un plan con muchas libertades en lugar de hitos implica que no hay un proceso que revisar y verificar si hay progreso. Esto puede resultar en la pérdida de concentración del equipo. Para combatir esta debilidad, considere crear un proceso interno que vaya a la par de ágil, con el fin de ayudar a sus equipos a mantenerse centrados en sus objetivos, o revise constantemente que sus equipos se estén comunicando y progresando. En ocasiones, también debería considerar alguna de las variaciones de ágil si esta debilidad sigue siendo una piedra en el camino de sus equipos durante el proyecto.

Capítulo 2: Gestión Ágil de Proyecto vs. Gestión Tradicional de Proyectos

Como se mencionó en el capítulo anterior, hay una gran diferencia entre la gestión ágil de proyectos y la gestión tradicional. Sin embargo, hay algunas coincidencias importantes también. No importa qué tipo de gestión de proyectos sea empleada por una compañía, siempre se busca el mismo resultado: eliminar cualquier fallo innecesario presente en sus procesos. Así que no importa si el proyecto se lleva a cabo por flujo de trabajo o en períodos de tiempo, las herramientas de gestión de proyecto están centradas en el progreso con el mínimo de distracciones.

A pesar de la belleza de las posibilidades, hay limitaciones para la "magia" de la gestión de proyectos. Hay muchos enfoques para llevar esto a cabo, y muchos apoyan la posición de ágil como la herramienta más práctica y flexible de las compañías de nuestros tiempos. Ágil es capaz de sostener varios proyectos, además de poseer otras ventajas claras.

Un Resumen de la Gestión Tradicional de Proyectos

La gestión de proyectos puede ser aplicada a varios ámbitos y proyectos. Es un proceso global con objetivos y conceptos simples. No importa si está abordando un proyecto de forma intencional o no, hay un elemento de gestión en él. Cuando utiliza la gestión de proyectos para completar sus proyectos, sigue reglas básicas, sin importar qué forma ponga en práctica. Esas formas de gestión de proyectos pueden dividirse en dos grandes tipos: tradicionales y modernas, como ágil.

Cuando se sigue un enfoque tradicional, se elige un proceso convencional basado en técnicas de tiempo. Este enfoque puede ser aplicado a casi cualquier ámbito y proyecto, y ha evolucionado con el paso del tiempo. De acuerdo al Compendio de Conocimientos sobre la Gestión de Proyectos, la definición estándar de gestión de proyectos es "un conjunto de técnicas y herramientas que pueden ser aplicadas a una actividad con el fin de generar un producto, ganancias o un servicio". Existen muchas definiciones en la red, pero todas hacen referencia en mayor o menor medida a esta.

Un Resumen de la Gestión Ágil

Flexibilidad, colaboración con el cliente, y trabajo en equipo son los enfoques de esta metodología, comparado con la prominencia del tiempo, alcance, y los costos asociados con la planeación previa de la gestión tradicional. En esta gestión se observan con cuidado los cambios que ocurren de manera natural y el esfuerzo del grupo, para que el cliente reciba resultados y no solo un esquema de planeación del proceso. Los gerentes de proyectos que han trabajado en este ámbito durante mucho tiempo disfrutan los planes que pueden ser adaptados a varios escenarios y los cambios fáciles, así que adoran trabajar con ágil.

Las variaciones de esta gestión incluyen Kanban y Scrum. Estos son los más comunes entre las compañías y profesionales. La reputación de Scrum se ha construido en base a alentar el proceso de toma de decisiones y evitar perder el tiempo en cosas que cambiarán sin importar lo que se haga. El resultado más importante para ágil es la satisfacción del cliente. Ágil puede lograr este resultado con facilidad ya que mediante su sistema, los proyectos pueden ser completados con tiempo de sobra.

Comparación entre la Gestión Ágil y la Gestión Tradicional

Tradicional u otro enfoque	Ágil
Los gerentes controlan el cambio	Los equipos saben responder y adaptarse a los cambios
Planear los procesos es lo más importante	Las necesidades del cliente y su satisfacción son lo más importante
La jerarquía es estricta, siempre de arriba a abajo. Esto hace que todas las decisiones deban ser tomadas por el gerente, creando retrasos en el tiempo de producción	Los equipos son autónomos y autosuficientes; pueden tomar decisiones rápidamente para el beneficio de su parte como de todo el proyecto
Los planes se diseñan al comienzo y son llevados a cabo durante el tiempo del proyecto, sin tomar en cuenta los cambios	El proceso evoluciona con el paso del tiempo
Las mediciones irrelevantes son ignoradas	El valor de lo que recibe el cliente es la medición más relevante
No es inclusivo ni personalizable	Muy inclusivo y personalizable

¿Ágil puede trabajar con otras gestiones de proyecto?

Muchos gerentes se han preguntado lo mismo. Sin embargo, la respuesta no es concreta. Esto es porque ágil puede trabajar con otros procesos, pero esto debe hacerse con cuidado y en proyectos diferentes. Hacer que dos grupos de gestión aborden la misma tarea por su cuenta y utilizando enfoques distintos no es efectivo por muchas razones – incluyendo razones financieras e interpersonales. Si los equipos trabajan de manera antagónica, el resultado será animosidad entre las personas en vez de satisfacer las necesidades del cliente. Además, implementar dos estrategias al mismo tiempo, como ágil y cascada, podría resultar en que una opaque a la otra o darse cuenta de que una de ellas no es efectiva para la tarea. De cualquier forma, es posible integrar ágil y otra metodología.

A pesar de las sugerencias mencionadas para la combinación de ágil y otros procesos, también es justo explorar las ideas desde otro ángulo. La razón principal por la cual las personas no creen que ágil podría funcionar con otros métodos es por las diferencias que existen entre los métodos. Además, una combinación puede causar confusión en la compañía y dañar el progreso del proyecto.

Razones por las cuales Ágil es el preferido

Hay muchas razones por las cuales los gerentes prefieren utilizar ágil sobre otras formas de gestión. Algunas de las razones incluyen la división en secciones, la estructura organizacional interna, y el compromiso del cliente.

División de Secciones

El término que define las secciones en las cuales se divide un proyecto se conoce como "iteraciones". Cuando una iteración se completa, los resultados son enviados de manera inmediata al cliente. Como cada una de ellas es enviada al cliente, este puede revisar si el proyecto tendrá éxito en su forma actual o hacer las modificaciones necesarias. Este método proporciona la libertad de no tener que hacer una planificación previa de todo el proyecto.

Estructura Organizacional Interna

La gestión opera de manera paralela a las iteraciones del proyecto. Los grupos se encargan de completar una parte del proyecto, en vez de tener un supervisor dominante que vigila a todos los empleados. Con frecuencia en una compañía ágil, hay muchos grupos trabajando en un proyecto específico. Cada uno de ellos tiene un gerente interno que no está siendo vigilado desde afuera. Las interacciones entre los equipos solo ocurren para discutir en proyecto y vincular procesos si uno de los equipos carece de las habilidades para completar su tarea.

La mayoría de los proyectos ágiles tienen tres componentes:

1. Propietario – Esta persona es la experta encargada de todo el proyecto. Es el punto central de contacto y revisión para todos los equipos.

2. Scrum Master – El proceso ágil es supervisado por este rol. Esta persona es la encargada de revisar cada iteración para asegurarse de que sea completada.

3. Equipo – Un grupo de empleados trabajando para completar cada iteración es de suma importancia para completar el proyecto. Hay roles pequeños y grandes dentro de los equipos, pero todos son de suma importancia para el proyecto.

Participación del cliente

La participación del cliente es lo principal en un entorno ágil. Cuando una iteración es completada y enviada al cliente, él es responsable de emitir feedback al propietario, y luego el equipo tendrá que actuar acorde a esta.

Cuando se compara esta metodología con otros sistemas tradicionales, resulta obvio que ágil es superior. La comparación hecha aquí resalta los rasgos de ágil y por qué es considerado como uno de los mejores sistemas de gestión del mundo.

Capítulo 3: Razones para Elegir Ágil

La gestión de proyectos es un proceso hermoso y doloroso: es una belleza idílica en papel, con sus aplicaciones prácticas y actividades definidas; pero su aplicación revela el aspecto doloroso de la implementación. Si no se toma un tiempo para aprender sobre la gestión ágil, o sobre cualquier otro tipo de gestión, y trata de gestionar un proyecto, se dará cuenta de que todo lo que intente será poco efectivo y carente de equilibrio. Su proyecto sufrirá de riesgos inigualables, baja calidad, altos costos, falta de tiempo y alcance. Usted y su compañía deberán prepararse antes de poner este método en práctica. Por esta razón, encontrará personas que adoran el sistema ágil y otras que lo aborrecen.

Para implementar ágil en su compañía, deberá verlo como una herramienta que le facilitará llevar las riendas de la organización; no es su organización la que debería manejar el sistema. En lugar de eso, es importante que descubra cómo puede implementar esta herramienta dentro de la estructura de su compañía y su sistema de valores, para que sea una parte complementaria de la misión de la organización.

Adaptándose a ágil:

1. Debe filosofar sobre este concepto hasta que los ingenieros de procesos no sean capaces de desarrollar el proyecto de forma objetiva.

2. Cambie el enfoque hacia el proceso, en vez del resultado, cada vez que sea posible para hacerlo un hábito.

Existen más caminos que estos dos ejemplos como las razones por las cuales debería considerar ágil para su compañía, y los métodos que debe seguir para integrarlo de manera exitosa.

La Historia de Ágil

Desde que se hizo popular, ágil ha pasado por sus propias oleadas de aplicación y adaptación. Al comienzo, se volvió atractivo por permitirle a una compañía de software lanzar su producto al mercado con mayor eficiencia que los métodos tradicionales. Esto fue llamado "Producto Mínimo Viable" (MVP por sus siglas en inglés). Ahora, las compañías pequeñas y medianas contaban con un modelo comprobado que les permitiría obtener mejores resultados con tiempos y costos reducidos. Cuando estos negocios pequeños se volvieron exitosos con este método, las organizaciones más grandes quisieron unirse a esta ola. Vieron los beneficios de una mejor interacción con los clientes y menores tiempos para lanzar sus productos al mercado.

Mientras las compañías ajustaban esta primera versión de ágil a sus negocios, surgió otra fase del método. Este involucraba a los negocios que no habían adoptado el método anterior, pero querían ver los mismos resultados. Fue considerada una oleada distinta en el desarrollo de ágil porque estos negocios tenían motivaciones desconocidas. Además, estaban más interesados en los resultados, como un gerente de proyectos tradicional, que en el proceso y la participación del cliente.

Cada organización encuentra los desafíos y problemas que la motivan a adoptar el sistema ágil. Cuando uno puede definir sus problemas, tiene el punto de partida para ágil. Ahora puede hacerse una idea de cómo ágil le ayudará a resolver esto y decidir los Indicadores Clave de Rendimiento (KPI por sus siglas en inglés), basados en estas razones. Aunque ágil no sea para todas las organizaciones, aún no se ha descubierto un área en la que no pueda ser aplicado. El mejor consejo para implementarlo es asegurarse de que los valores principales de ágil estén bien alineados con la filosofía de su negocio. No tendría sentido tratar de forzar dos cosas opuestas a encajar.

Razones para Implementar Ágil

La mejor razón para adoptar ágil en su compañía es su éxito garantizado en una gran variedad de ámbitos y proyectos. Este método se encuentra en un proceso de evolución constante gracias a su flexibilidad y cualidades de auto mejoramiento. Otras razones para elegirlo incluyen: procesos, autorregulación, aceptación de cambios, tiempos de entrega reducidos, participación del cliente y un ambiente de motivación para los equipos.

Proceso para la Excelencia

El camino a la excelencia yace en la constancia, sin importar a qué negocio uno se dedique. Esta es la razón por la cual los negocios son exitosos o no; las acciones no son individuales y espontáneas, son planeadas una y otra vez. Esto implica que sus acciones deben ser las indicadas para completar cualquier proceso en el que esté involucrado. Por lo tanto, adoptar un proceso ágil puede aumentar sus probabilidades de éxito porque el enfoque está en mejorar sus acciones constantemente y realizar entregas con el valor más alto a sus clientes. Además, es lo suficientemente abstracto para permitir cualquier tipo de personalización que sea necesaria. Los procesos que ya están en marcha en otras compañías y proyectos pueden ser ajustados a las necesidades de su compañía. Luego puede evaluar cómo funcionan para usted.

Autorregulación

Si usted no es cuidadoso cuando establezca el ambiente ágil, el éxito puede llevarle a un cambio de prioridades. Los miembros de su equipo cambiarán de un enfoque en la tareas a un enfoque en los roles. Debido al éxito del proceso anterior, no querrán desviarse de la estructura de la compañía, sino dejarse llevar por la corriente. Sin que nadie se dé cuenta, es posible darle pie a una burocracia rígida. En este tipo de entornos evite tomar riesgos, resolver problemas o experimentar. Por esta razón, es importante hacer énfasis en la autorregulación inherente en un proceso ágil exitoso. Este enfoque busca el balance entre la flexibilidad y la disciplina. No es burocrático; es democrático. Tener un proceso ágil fuerte y autorregulado le da la oportunidad a su equipo de mantenerse concentrado en el proyecto y mantenerse productivo, en lugar de solo completar los pasos de un proceso.

Aceptación de Cambios

La reducción del alcance de un proyecto o los cambios inherentes que ocurren en las tareas demuestran la importancia de aceptar y planear para los cambios. El problema está en que estos no serán visibles hasta que sean inevitables. Hasta que llegue ese momento, las tareas son creadas para resistirse al cambio. Cuando es imposible escapar, entonces, se implementan procedimientos. Así no es como un ambiente ágil se hace cargo de estos problemas. El cambio está al frente del proceso. El cambio es evolución, no limitación. Esto significa que mientras los cambios y los problemas se presentan, deberían ser resueltos en lugar de ser evitados. Las soluciones no vienen empaquetadas, así que los equipos deben intentar opciones diferentes hasta que una sea la indicada.

Tiempos de Entrega Reducidos

Los proyectos pueden ser impredecibles. Mientras un concepto nuevo aparece en el mercado, los viejos van desapareciendo. Esto quiere decir que no puede tomarse demasiado tiempo desarrollando algo perfecto antes de mostrárselo al cliente. En un mundo con un ritmo acelerado, un enfoque de gestión de proyectos tradicional consume demasiado tiempo. Hacer las cosas a la antigua implica que, en algún momento, tendrá que dejar de lado su participación del cliente o su progreso. Utilizar el sistema ágil le ayuda a colocar un producto de valor en el mercado mientras cumple con las necesidades del cliente.

Participación del Cliente

Uno de los desafíos más difícil para el sistema de gestión tradicional es que no se sabe si se ha cumplido con las expectativas del cliente hasta que el proyecto final es entregado. Esto ocurre porque solo el cliente puede decirle cómo se siente con respecto al resultado. Esta separación crea un problema extremo. Hay muchas propuestas para solucionar este problema, pero la participación constante del cliente durante todos los procesos ha demostrado, en repetidas ocasiones, ser la mejor solución. Esto involucra al cliente en la solución de problemas y la identificación de cambios en conjunto con los equipos, y así saben la solución definitiva que recibirán. Crear esta expectativa desde el comienzo de la relación de trabajo le permite hacer hincapié en el valor que le da al cliente más que el proceso.

Ambiente de Motivación para los Equipos

Las gestiones tradicionales utilizan mucho tiempo en planeación y gráficos. Aunque planear es importante, esto es redirigido a otro lugar. Las partes interesadas solían determinar qué roles serían asignados por el gerente del proyecto entre los miembros del equipo y luego determinaban el tiempo disponible. En el momento en que se presentaba el plan, los roles eran asignados, y era imperante que todos se ajustaran a esto. En vez de guiar y rendir cuentas sobre el proyecto, el proceso se convertía en una muletilla que permitía a los equipos asignar la culpa del fracaso del proyecto a la planificación. Esto ocurría porque toda la responsabilidad recaía en el gerente, no en las personas realizando las tareas. Al utilizar el método ágil, cada equipo puede sentirse responsable por el devenir del proyecto. Cuando un equipo siente que su esfuerzo es un beneficio o un retraso para el proyecto, sus miembros pueden sentirse responsables y motivados para dar todo su esfuerzo con el fin de sacar el proyecto adelante. Los equipos trabajan en conjunto, no como individuos. Además, otro beneficio de este enfoque es permitir el trabajo en conjunto de equipos interdisciplinarios, haciendo que cada equipo se coloque a altura de los desafíos. Aun si un miembro es nuevo, limitado o carente de habilidades, puede contribuir al proyecto, el grupo y sentirse importante.

La razón final para implementar ágil es simple: le ayuda a pensar de manera más inteligente sobre su compañía, proyectos, clientes y empleados. Si ha trabajado en gestión de proyectos o piensa intentarlo, es probable que esta sea la mejor razón para adoptar la filosofía de ágil inmediatamente. Pero si esto no es suficiente, considere la información mencionada antes: un nuevo enfoque para los procesos, autorregulación, aceptación de cambios, tiempos de entrega reducidos, participación del cliente y un ambiente de motivación para los equipos. Una o todas deberían bastar para que usted sienta que debe intentar adoptar ágil para su próximo proyecto.

Capítulo 4: Principios y Valores de la Gestión Ágil de Proyectos y el Manifiesto Ágil

Es casi imposible intentar dar una cifra de la cantidad de proyectos que han sido completados gracias a la información presente en el Manifiesto Ágil. Antes de la publicación de este, todo el proceso de gestión de proyectos no era exactamente rápido. Debido a la necesidad de largos períodos de tiempo, muchos proyectos planificados en varias empresas jamás se iniciaron porque estas decidieron ir en otra dirección antes de siquiera dar el primer paso. Esto motivó a las compañías a adoptar nuevos procesos. Se dieron cuenta de sus fallos y estaban listas para intentar algo nuevo, algo que estuviera a la altura de los desafíos diarios de la gestión de proyectos.

Parte de las enseñanzas de este manifiesto incluyen la definición de doce principios y cuatros valores esenciales para un proyecto ágil. Estas tenían un solo propósito: cambiar la manera de abordar un proyecto para que los resultados tuvieran la mejor calidad y fueran entregados en menos tiempo.

Cada proyecto ágil se fundamenta en el Manifiesto Ágil. Aunque es una práctica común del ámbito de desarrollo de software, su aplicación es beneficiosa en cualquier lugar. Su abordaje de la comunicación, colaboración y metodología de desarrollo 'lean' es algo atractivo para muchas industrias. La idea de dividir el proyecto en partes más pequeñas para su ejecución rápida es otro rasgo atractivo para cualquier compañía. Claro está, como se mencionó en los capítulos anteriores, la adaptabilidad al cambio es fundamental para alcanzar el éxito.

Para entender las bases de estos doce principios y cuatro valores, es importante establecer el contexto en el cual surgió el Manifiesto Ágil y cómo en este se planteó el camino a seguir en años venideros. Además, es importante explicar las aplicaciones prácticas para algunos de estos principios. Ambas cosas serán resaltadas a continuación para ayudarle a entender más acerca de las bases de la gestión ágil de proyectos.

El Manifiesto Ágil

En la década de los 90, la gestión de proyectos tradicional, vigente durante muchos años, había empezado a causar descontento. Existía un lapso de tiempo entre las entregas y los requisitos. Los clientes ordenaban una aplicación o rasgo específico para una tarea, pero la solución llevaba más tiempo del que disponían, así que, con frecuencia, los proyectos eran cancelados. Estos lapsos de tiempo eran afectados por diversos factores: cambios, la complejidad de los requisitos primarios, y el proceso de la compañía. Cuando se completaba un proyecto, era probable que las necesidades de la industria y el cliente hubiesen cambiado, haciendo del producto final algo inservible. El gran fallo del sistema tradicional era tomar ventaja de la presencia del cambio constante y la necesidad de acelerar los procesos.

Cuando varias personas se reunieron en el 2001 para expresar su descontento, de su esfuerzo colectivo nació el Manifiesto Ágil. Estos 17 líderes de la industria se reunieron en dos ocasiones para hablar sobre el tema: la primera vez en Oregón y la segunda en Utah. Durante estas reuniones, se trazaron los doce principios. Citando el manifiesto, "descubrimos mejores maneras de desarrollar software al hacerlo y ayudar a otros a hacerlo. A través de esta acción, hemos aprendido a apreciar a los individuos e interacciones por encima de los procesos y herramientas, el desarrollo del software en lugar de la documentación, la colaboración del cliente por encima de la negociación de contratos, la repuesta a los cambios sobre seguir un plan. Lo que implica que, aunque no se puede negar el valor de los ítems a la derecha, valoramos más aquellos que están a la izquierda".

Los valores fundamentales mencionados arriba eran lo suficientemente generales para permitir la adaptación a perspectivas personales, pero sin importar qué tipo de proyecto se complete mediante el método ágil; este requerirá de la aplicación de cada valor a su manera propia, para encaminarse a la entrega y desarrollo funcional de productos de excelente calidad para los clientes.

Los Cuatro Valores

Hay cuatro valores principales esbozados en el manifiesto: "A través de esta acción, hemos aprendido a apreciar a los individuos e interacciones sobre procesos y herramientas, software funcionando sobre documentación extensiva, colaboración del cliente sobre negociación contractual, repuesta ante el cambio sobre seguir un plan. Lo que implica que, aunque no se puede negar el valor de los ítems a la derecha, valoramos más aquellos que están a la izquierda".

"Individuos e Interacciones sobre Procesos y Herramientas"

Este es el primer valor esbozado en el manifiesto. La cual implica que es muy probable que sea el más importante para el método ágil. Los líderes decidieron que las personas involucradas en el proyecto eran más importantes que las herramientas y los procesos. Estos individuos son quienes responden a las necesidades de la compañía y son quienes llevan a cabo los procesos. Si se siguiera el método tradicional, el proceso guiaría al equipo. Esto dificultaba la habilidad del equipo para reaccionar a los cambios y hacía que cumplir con las expectativas de cliente fuera un desafío. Por ejemplo, la comunicación es diferente cuando una empresa valora más los procesos que al cliente. Si la compañía valora más a los individuos que a los procesos, todo tiende a fluir con más facilidad. Si existe la necesidad de realizar un cambio, se plantea y se ejecuta de manera inmediata. Si ocurre lo contrario, se plantea un horario para la comunicación; cada interacción está pautada para responder a ciertas expectativas.

"Software funcionando sobre Documentación Extensiva"

En él método de gestión tradicional, se le dedican grandes cantidades de tiempo a la planeación del proyecto, desde la conceptualización inicial hasta la entrega final. Especificaciones tecnológicas, requisitos tecnológicos, prospectos tecnológicos, diseño de documentos, planes de pruebas, planes de documentos, permisos, etc., todo requiere documentación. Completar toda esta documentación llevaba tiempo, lo cual le quitaba tiempo al proyecto. La lista de documentación requerida era agotadora. Aunque ágil no descarta la necesidad de documentar el proceso, ofrece una alternativa más directa. El objetivo es darle a los equipos el tiempo suficiente para completar sus tareas, dejando de lado la distracción de pequeños detalles y papeleo excesivo. Generalmente, un documento ágil, específicamente para un proyecto de software, se presenta como el historial de un usuario. Este formato es familiar para los desarrolladores y les permite añadir información relevante para empezar a crear una nueva respuesta. Aunque la documentación sigue siendo una parte valiosa del proceso, el software funcional, o el final del proyecto, es más importante.

"La Colaboración del Cliente sobre de la Negociación Contractual"

Cuando la compañía y el cliente se sientan a discutir un proyecto, ambas partes acuerdan varias cosas: cómo se entregará el proyecto, las revisiones necesarias durante la duración del proyecto donde los cambios o detalles adicionales pueden ser renegociados. Esta es la negociación tradicional. Ambas partes se tomarán su tiempo discutiendo cada detalle imaginable, generalmente antes de que el proyecto se inicie, para decidir una estrategia. Esto implica que el cliente estaba involucrado en el inicio y el final, pero no durante la realización del proyecto. La colaboración del cliente es lo opuesto a esto. El manifiesto planteaba que un cliente ideal es aquel que está involucrado en los procesos y colabora con el equipo mientras el proyecto está en ejecución. Los resultados de este método demostraron la satisfacción de las compañías con entregas más fáciles, que cumplían con las expectativas del cliente, y, en consecuencia, eran más apreciadas por este. En ocasiones, el cliente solo participa durante determinados eventos, como demostraciones, pero no es raro encontrar a un cliente dentro de algún equipo, en las reuniones, y revisando el proyecto para asegurarse de que sus expectativas sean alcanzadas al final.

"Respuesta ante el Cambio sobre Seguir el Plan"

Antes, el cambio era un problema. Era un gasto. Se planificaba teniéndolo en cuenta para intentar evitarlo. Planear de esta manera era detallar cada paso necesario en el proceso del proyecto. Esto incluía una larga lista de ramificaciones donde cada acción era de suma importancia. Además, estas ramificaciones generalmente dependían de las entregas de otras partes del proyecto que hubieran sido completadas. Era como un gran rompecabezas, donde ninguna pieza podía ser colocada si la anterior no estaba ya en su lugar. El método ágil cambia esto. La importancia se mueve de una iteración a la siguiente dependiendo de lo que se necesite, y se espera que el cambio forme parte de cada iteración y del proyecto en su totalidad. Esto implica que el resultado final es más valioso. El cambio ahora no es un problema.

Los Doce Principios

También debes conocer los doce principios presentados en el manifiesto. Estos son los que delinean cómo debe ser el ambiente en una compañía exitosa donde los cambios son bien recibidos y aplaudidos, y los clientes están en el centro del proceso. Además, estos principios nos enseñan cómo aplicar este tipo de gestión a una compañía.

A continuación se describe cada uno de ellos:

1. *"La satisfacción del cliente a través de la entrega temprana del software con valor"*

    En lugar de esperar mucho tiempo para obtener el producto, un cliente se siente más satisfecho cuando puede ver, con regularidad, cómo funciona el producto en cada una de sus etapas de desarrollo.

2. *"Aceptar los cambios de los requisitos, incluso en etapas tardías del desarrollo"*

    El proyecto requerirá de cambios. Los requisitos cambiarán, o se necesitará cambiar una característica. Es necesario llevar a cabo estos cambios sin que causen un retraso en la entrega del proyecto.

3. *"Entregas funcionales y frecuentes del software"*

    Los productos con funcionamiento consistente son posibles gracias a las iteraciones dirigidas por el Scrum master.

4. *"Colaboración continua entre los responsables del negocio y los desarrolladores durante todo el proyecto"*

    Integre a su equipo empresarial y su equipo técnico. Cuando ambos trabajen juntos, notará cómo mejora la toma de decisiones.

5. *"Apoyar, confiar y motivar a las personas involucradas"*

    Si su equipo no es feliz, sus miembros no estarán motivados. Los equipos desmotivados no trabajan bien. Por el contrario, un equipo feliz y motivado trabajo mejor. Su objetivo debe ser alcanzar lo segundo.

6. *"Permitir la comunicación cara a cara"*

    Su equipo debe mantenerse unido. La comunicación cara a cara tiene un gran valor durante las iteraciones.

7. *"El software funcionando es la medida principal del progreso"*

La mejor manera de determinar el progreso del proyecto es monitorear el funcionamiento del producto que piensa entregarle al cliente durante cada fase del proyecto.

8. *"Los procesos ágiles promueven el desarrollo sostenible"*

   Aunque el proceso no es lo más importante, se convierte en un hábito. Y con cada proyecto que complete utilizando este método, el hábito se hace repetible y predecible. Puede tener una aproximación sobre la velocidad con la cual su equipo trabajará constantemente.

9. *"La atención continua a la excelencia técnica y al buen diseño mejora la agilidad"*

   Para enfrentar los cambios, aumentar las ganancias y mantener la velocidad de entrega, deberá asegurarse de que sus equipos cuenten con las habilidades necesarias para realizar un trabajo de calidad.

10. *"Simplicidad"*

    Asegúrese de que su producto cumpla con las expectativas, y no más que eso, en una fase determinada.

11. *"Las mejores arquitecturas, requisitos y diseños emergen de equipos auto-organizados"*

    Apoyar a los demás en la producción de productos excelentes, participar con los compañeros de equipo, tener control sobre su parte del proceso, y poder tomar decisiones son las características y acciones de un miembro de equipo motivado.

12. *"Reflexiones regulares sobre cómo ser más efectivo"*

    Permita que sus equipos mejoren su eficiencia al apoyar la mejora de los procesos, su habilidad y sus sistemas.

Capítulo 5: Tres Principios Exclusivos

Aunque el método ágil parezca infalible, no debe considerarse una receta mágica para resolver cualquier problema. No puede abrir un libro que explique el método y encontrar un plan para seguir; solo encontrará consejos para que sus procesos ágiles sean exitosos. A continuación, encontrará tres principios exclusivos que pueden aumentar su productividad si son implementados.

1. Haga que su ciclo de feedback sea corto

Aunque muchas personas reconocen la importancia de un proyecto ágil, tienen problemas para definir cómo. En otras palabras, un principio fundamental recae en los tiempos cortos entre el trabajo y recibir feedback del cliente acerca del producto. Gracias a este sistema, se puede evitar la pesadilla de pasar mucho tiempo trabajando en un proyecto que será rechazado por el cliente al ver que los resultados no fueron los esperados. Los clientes están involucrados en los procesos, dando y recibiendo feedback a diario o cada vez que concluye una iteración. Este feedback es incluido en la próxima iteración. Además, un producto funcionando puede ser entregado al cliente después de un ciclo de producción. Esta entrega puede darle a sus equipos una gran cantidad de reseñas valiosas para cambios futuros. Cuando el feedback es incorporado en la próxima entrega, el cliente puede apreciar más el valor del producto y el trabajo de su compañía. Esto evita la necesidad de revisar planes que fueron establecidos antes de que los desafíos del proyecto se presentaran.

Otro componente que puede ser usado en un proyecto ágil es la creación de una prueba para la tarea que se esté realizando para determinar sus aplicaciones prácticas en el proyecto. En un ambiente ágil de desarrollo de software a esto se le conoce como Desarrollo Guiado por Pruebas (TDD por sus siglas en inglés). Los programadores hacen una prueba para su iteración del proyecto para comprobar su utilidad antes de reportar que está completa. Si la prueba es superada, está lista. De lo contrario, los programadores tienen la oportunidad de encontrar y solucionar el problema antes de que afecte a otras partes del proyecto. Este proceso motiva a los miembros del equipo a encontrar soluciones fáciles y rápidas. No hay necesidad de conectar iteraciones del proyecto o tareas de manera innecesaria. Este concepto promueve la simplicidad. En un ambiente de programación, tener un código simple hace que sea más fácil adaptarlo a los cambios. Aunque el feedback no provenga del cliente, es un método para acortar los ciclos de feedback. Puede que haya escuchado algo referente a este concepto con otro nombre, como Desarrollo Guiado por el Comportamiento (BDD por sus siglas en inglés), o Desarrollo Basado en Pruebas de Aceptación (ATDD), pero hay diferencias entre estos enfoques a pesar de su similitud.

2. *Trabajos Ágiles desde el Interior*

Los productos internos necesitan ser mejorados constantemente. Esto implica que necesita saber qué hacer para que su ambiente interno se mantenga competitivo para ofrecer siempre lo mejor a los clientes. Necesita mejorar constantemente. Cuando uno dirige una compañía de primera que ofrece valor a sus clientes, habrá mucha competencia por sus posiciones disponibles. Piense en compañías innovadoras como Microsoft, Netflix, Facebook, y Google. Las personas compiten por trabajar en ellas porque no solo proveen a sus clientes con productos de valor, también garantizan excelente condiciones laborales. Además, este tipo de compañías se centran en mantener unidos a sus equipos de desarrollo y operaciones para obtener los mejores resultados. Los desarrolladores trabajan en el producto, completan las iteraciones y hablan sobre Scrum. Los operadores son administradores y expertos que se encargan de la distribución y colocación del producto en el mercado. En un ambiente tradicional, los desarrolladores crean el producto y luego lo pasan a los operadores para su colocación. Después, estos se encargarán de las operaciones del producto para asegurarse de que este funcione adecuadamente. El desafío de esta era es integrar ambos para ser más ágil.

Esta integración es fundamental para romper con las barreras que dividen ambos departamentos. Los dos comienzan a trabajar juntos para ayudarse en el diseño y automatización. Esta colaboración interdepartamental interna es vital para el éxito de una compañía ágil. Esta permite que cada rol reciba el feedback necesario para desempeñarse mejor y producir más valor. Ya no se trata de pasar un testigo, ahora es un deporte de equipo.

3. *El énfasis está en el valor del negocio*

Lo ideal es tener un objetivo en base al cual puedas medir tu progreso, para tener un feedback corto. Esto implica que el resultado de cada iteración es un producto que funciona de manera simultánea con otros productos. Pero el propósito general no depende de una sola función. Este es el valor obtenido por el negocio, especialmente el negocio del cliente. Su objetivo es proveerles una solución, enganchar a sus clientes u obtener más recursos.

Un proceso de gestión tradicional enfrenta un problema común: el concepto del producto final es forzado desde el comienzo, previo a cualquier feedback o prueba del éxito de un enfoque. Durante el proceso, el cliente trabaja con usted para crear una lista de necesidades, y luego depende de usted el desarrollar lo que considere que cumplirá con esas necesidades. En este tipo de procesos, no hay interacción con el cliente, pero el verdadero desafío yace en la dependencia a la lista hecha al principio, en vez de proveer al cliente con valor real. Asignarle la culpa del fracaso del proyecto a la lista no es efectivo. Un producto solo funcionará si satisface las necesidades del cliente, y, más adelante, las del usuario.

Hacer que su ciclo de feedback sea corto, asegurarse de que ágil funciona dentro y fuera, y el énfasis en el valor del negocio y el producto son los tres principios fundamentales de una compañía y proyecto ágil. Ellos son los que han llevado a los negocios más exitosos de su rama de la industria a las alturas que la competencia mediocre jamás podrá alcanzar. Si se centra en estos principios, seguramente podrá aumentar la probabilidad de éxito de sus procesos y de su compañía.

Capítulo 6: Prueba de Indicadores Ágil

No es difícil aventurarse a aplicar el método ágil. Si no busca la asesoría de profesionales preparados para implementar este sistema en su negocio, tendrá un montón de opiniones sobre cómo debería hacer o cuál es la manera correcta. Aunque una de estas prueba no garantizará que tenga éxito, le ayudará a comprender si está listo para seguir este enfoque. El propósito de este capítulo es presentar consejos básicos sobre cómo implementar ágil en sus proyectos.

Sus Necesidades o las Necesidades del Proyecto

Los "expertos" abundan cuando las personas se enteran de que está pensando implementar este sistema. Pocos de ellos serán expertos reales, con las habilidades desarrolladas a través de la experiencia y las certificaciones necesarias, pero la mayoría tendrá una preparación similar a los primeros, sin experiencia práctica. Aunque ambos pueden ayudarle, solo puede confiar en un tipo de experto. El otro provocará más daño que beneficio. Para asegurarse de contratar a un experto y no a un novato, considere la siguiente pregunta: "¿Cómo puede ayudarme?" Con esta simple pregunta podrá identificar cuáles son sus necesidades antes de gastar tiempo y dinero trabajando con un profesional.

También debe considerar qué procesos o métodos de ágil quiere implementar. De la misma manera que existen cientos de expertos, hay muchas formas de adoptar el método ágil en su compañía. La metodología perfecta encaja con todas las necesidades de su compañía, su cultura y su ambiente. Esto puede reflejar la sencillez del método ágil, pero también implica que se necesita ser pragmático con el mismo. Para elegir el mejor proceso, pregúntese: "¿Qué encajaría mejor en mi ambiente laboral?" Con esta pregunta, se asegurará de considerar la cultura de la compañía antes de escoger alguna forma de ágil.

Otra necesidad que debe considerar es cómo medir el proceso y cómo este se mezcla con sus equipos, liderazgo y organización en general. Una medida puede estar basada en números, observaciones o puede ser situacional. Por ejemplo, podría establecer una cantidad de proyectos ágiles que espera que sus equipos desarrollen y esperar a ver si pueden completarlos a la velocidad esperada. También puede observar las interacciones de sus equipos para determinar si sus enfoques son más ágiles o tradicionales. Observe cómo las personas interactúan entre sí o pregúnteles sobre las tareas que se encuentran realizando para averiguar si su enfoque está alineado con los principios y valores de un ambiente ágil. Una medida situacional observa el proceso, proyecto o procedimientos y los compara con los desafíos del mundo real. Como el objetivo de ágil es la producción de productos funcionando sobre los procesos, es importante que la producción esté orientada a cumplir expectativas reales en vez de ideales. Sin importar qué tipo de medición utilice, debe preguntarse si son las apropiadas para los resultados o, simplemente, si le hacen sentir bien sobre su trabajo. ¿Son indicadores del progreso del proyecto o de su orgullo? Hacerse esta pregunta le ayudará a encontrar una respuesta: "¿Cómo me aseguro de que mis mediciones ofrecen valor e información para producir los resultados que espero para que mis equipos tomen decisiones basados en los datos arrojados?

Su Enfoque y la Simplicidad

Con tantas opciones disponibles, ¿cómo puede asegurarse de que sabe cómo incorporar ágil en sus procesos y alcanzar el éxito? Afortunadamente, uno de los principios centrales de ágil es su simplicidad. Debe centrarse en mantenerlo así, simple, para que la producción siga siendo su norte. Una forma simple de implementar ágil en su compañía es comenzar por los conceptos básicos y compararlos con los aspectos más relevantes de su compañía: las necesidades de su negocio, empleados y clientes. Con esto en mente, puede ajustar su enfoque ágil mientras mide sus resultados constantemente para aumentar su producción. A continuación, se presenta una lista de indicadores para comparar que está concentrado en mantenerlo todo simple:

1. *¿Sigue los lineamientos del Manifiesto Ágil?"*

    Para comprender ágil y cómo adoptar sus conceptos centrales en su compañía, debería leer el manifiesto. Luego, internalizar los principios y valores. Afortunadamente, ya los conoce gracias al capítulo anterior, pero si aún no le ha quedado claro el significado de alguno o cómo funcionan dentro de su entorno, deberá estudiarlos más a fondo. Considere estudiar estos principios a través de las palabras que mejor entienda, así podrá utilizarlos para tomar sus decisiones. Asegúrese de que estas palabras estén alineadas con las intenciones de los autores. Cuando de los primeros pasos de implementación de este sistema en su compañía, sería útil que todos sus empleados y líderes realicen este ejercicio también.

2. *¿Qué utilizará para medir su desempeño ágil?*

    Aunque hay un capítulo en este libro que identifica tres principios centrales del entorno ágil, puede que estos no sean los más relevantes para sus clientes. Si este es el caso, revise cada principio y escoja los que se ajusten mejor a su compañía. Estos no deben ser elegidos bajo una sola perspectiva. Reúna a su equipo, inicie talleres o conferencias, y que todas las personas involucradas tomen la decisiones de cuáles son los tres principios más importantes desde una perspectiva integral.

Lograr esto es una prueba en sí misma. Si inicia varios talleres con sus empleados pero no obtiene respuestas homogéneas, necesita detener este proceso y solucionar este problema cultural primero. Todo su personal debe estar en la misma página. El riesgo de no solucionar esto estará en que sus empleados más importantes no se sentirán incluidos en las decisiones y trabajarán unos contra otros en lugar de buscar un resultado uniforme. En ocasiones, llegar a este estado de equilibrio es difícil, así que debe asegurarse de resolver esto antes de avanzar.

Cuando su equipo esté alineado y haya determinado cuáles son los tres principios más relevantes para su organización, utilizará estos para determinar cómo medir su prueba de indicadores. Estos serán sus Indicadores Clave (KI por sus siglas en inglés). Además, estos principios serán ahora la base de la productividad que espera alcanzar durante la ejecución de un proyecto ágil. Si un proyecto cumple con estos pasos, puede estar seguro de que su progreso y éxito serán los esperados.

3. *¿Cómo puede realizar una evaluación crítica?*

Al utilizar los indicadores clave identificados en el paso anterior, ahora debe determinar lo cerca o lejos que está de contestar cada pregunta. Una prueba de indicadores estándar utiliza una escala del 1 al 14 (en inglés Litmus Test, se traduce como prueba de pH, por eso el tipo de escala). En vez de eso, utilice una escala del 1 al 7. Esto provee un rango impar que le asegura las respuestas más claras. Un "1" le indica que está lejos de su objetivo, mientras un "7" le indica que el objetivo fue alcanzado. Tampoco debería ser la única persona evaluando el proyecto. Debe incluir a otros miembros y hacer hincapié en la sinceridad de las respuestas. Aunque no todos los miembros puedan participar en toda ocasión, algunos representantes de cada equipo deberían ser incluidos para que la información obtenida sea realista.

Necesita que la comunicación sea honesta y abierta. La intención detrás de las preguntas y respuestas debe ser transparente. En general, puede que algunos miembros no se sientan seguros de opinar en grupos grandes o medianos. Puede resolver esto creando un espacio para respuestas anónimas, como reseñas escritas en las cuales no aparezca el nombre del autor, o formularios de evaluación anónima. Permitir sesiones de entrevista puede ser beneficioso, pero no es efectivo en proyectos grandes.

4. *¿Qué acciones promoveré que estén alineadas con nuestro enfoque ágil?*

Después de revisar las respuestas relacionadas con sus Indicadores Clave, es importante que decida qué acciones tomar para encargarse de cualquier cosa que haya obtenido menos de un 6. Determinar sobre qué ítems recaerá la acción le permite tener una reunión con los empleados más importantes para decidir qué estrategias se implementarán para asegurar que los objetivos se cumplan. También es importante revisar las respuestas a las preguntas que tienen un rango amplio. Esto puede mostrar que los miembros de un equipo no se encuentran alineados, y estas diferencias deben ser resueltas.

Durante las próximas reuniones, pregunte cosas como, "¿qué debería ocurrir para acercarnos a un 6 o un 7 en este tema?" y, "¿qué cosas podrían hacer los dueños y los clientes para ayudarnos a cumplir las expectativas?" El resto de las preguntas puede centrarse en el método utilizado para llegar a un punto determinado del proceso, "¿qué podemos cambiar o mejorar para ser más ágiles?"

Recuerda que las preguntas y respuestas están diseñadas para determinar acciones relevantes, no para medir el orgullo. Esto implica pedir feedback acerca de las preguntas que resultaron en un número determinado. Pregúntele al equipo, "¿cómo podemos hacer que las mediciones sean más relevantes y provean las acciones necesarias para ayudarnos a ser más ágiles?"

Cuando los grupos acuerden al menos una acción para implementar como resultado de las conversaciones, dependerá de usted que estas se lleven a cabo y que cada persona se haga responsable. Después de la próxima tarea, debe hacer mediciones para asegurarse de que el desempeño es el adecuado para alcanzar la meta y continuar con las reuniones hasta que una solución, o un puntaje de 6 o 7, haya sido alcanzada.

5. *¿La evaluación y el crecimiento son continuos?*

   A medida que avanza en el proceso ágil, debe recordar que las necesidades y las metas cambian constantemente. Esto significa que sus procesos deben cambiar también. Siga revisando los conceptos principales y los procesos para asegurarse de que está ofreciendo los mejores resultados.

Ahora que puede someter sus procesos a una prueba de indicadores, la cual es personalizable dependiendo de su compañía, aquí tiene algunas preguntas básicas que puede utilizar para iniciar su proceso de medición:

1. ¿Los resultados deseados se materializarán con nuestras acciones actuales? ¿Estamos haciendo algo a diario para alcanzar las metas?

2. ¿Se permiten los cambios en nuestro proceso?

3. ¿Existe la colaboración diaria entre el cliente y nuestro equipo? Si no es diaria, ¿existe la participación de manera regular?
4. ¿Es posible cumplir el objetivo con la labor de los equipos?
5. ¿La comunicación cara a cara ocurre con mayor frecuencia que la comunicación indirecta?
6. ¿El producto funcionando mide nuestro progreso?
7. ¿El ritmo de trabajo actual es sostenible a largo plazo?
8. ¿Las decisiones y trabajo realizado son valiosos y adaptables al cambio?
9. ¿Las acciones realizadas son simples y certeras? Por ejemplo, ¿los equipos están tomando decisiones y actuando para solucionar problemas tan poco como sea posible?
10. ¿Tiene el apoyo para ser exitosos en su propio sistema auto-gestionado? ¿Tiene autonomía para organizar a sus compañeros según lo requiera la tarea?
11. ¿Existen las oportunidades para revisar y corregir sus conductas y acciones cuando es necesario?

Puede utilizar estas preguntas en conjunto con el sistema de puntuación del 1 al 7 para determinar cómo se están llevando a cabo los procesos ágiles, o puede hacer que sus miembros de equipos respondan "sí" o "no". Si todas las respuestas obtienen un "sí", puede estar seguro de que el sistema ágil funciona bien. Todas las respuestas que obtengan un "no" deben ser revisadas. Lo que quiere decir que los equipos deben ser interrogados para dar sugerencias sobre lo que se debe hacer para que la respuesta sea un "sí". La revisión continua y su éxito en el ambiente ágil implican que se realiza un trabajo valioso interna y externamente en pro de tus clientes, lo que le convierte en un jugador importante de su industria.

Capítulo 7: Metodologías Ágil - Lean, Scrum, XP, Kanban, Crystal, FDD

Sin importar qué metodología ágil implemente usted, las prácticas, características y filosofías serán muy similares. Las diferencias solo resaltan durante la implementación. La forma en que se aplican las prácticas, los términos y tácticas utilizadas, varían de método en método. En este capítulo, aprenderá más sobre varias metodologías populares como Scrum, Lean, Kanban Crystal y el Desarrollo Basado en Funcionalidades (FDD por sus siglas en inglés).

Scrum

Este podría ser el método más popular. Es una línea de trabajo simple que puede ser aplicada a una gran variedad de proyectos. Puede controlar y gestionar las iteraciones y proyectar incrementos de cualquier tamaño. En la última década, Scrum ha evolucionado para ser mucho más aplicable en un entorno ágil. Las razones por las cuales las personas eligen este método son simples. Es un método sencillo, productivo y útil.

El método consiste en el colaboración de un "dueño del producto" con varios equipos para encontrar y enlistar proyectos en una lista conocida como "bitácora del producto". Esta bitácora incluye las características requeridas, soluciones propuestas para los errores, requisitos que no funcionan, y más. Cuando se encuentra algo que debe ser completado, se diseña el producto funcionando necesario y se añade a la bitácora. El dueño decide las prioridades y los equipos, conformados por miembros de distintos departamentos, y acuerdan entregar partes derivables del producto en una iteración. Estas suelen durar 30 días en ser completadas. Cuando el dueño define la entrada en la bitácora y se inician las iteraciones, no se pueden añadir ítems adicionales a esta. Solo los equipos pueden alterar la entrada en la bitácora para añadir tareas adicionales. Después de completar la tarea y entregar el resultado, la entrada se revisa. Tras analizar las entradas, se deciden los pasos para la próxima iteración.

Cuando se adopta el método Scrum tras haber seguido gestiones de proyecto tradicionales, uno puede esperar una transición fácil. Todavía puede planear con antelación, pero la línea de tiempo se mueve más rápido, así como la comunicación y el feedback son más frecuentes. Los negocios y clientes que obtienen buenos resultados en el entorno de Scrum son aquellos que desean trabajar en equipo, ver entregables funcionando y dar feedback para las iteraciones siguientes.

Lean

Basado en el Movimiento Empresarial Lean, este método se enfoca en producir productos de valor para los clientes en un "flujo de valor" eficiente. Este incluye la forma en que planeas entregar el valor.

Los principios de un proyecto Lean son:

- Eliminar excedentes innecesarios
- Intensificar el aprendizaje
- Tomar decisiones cuando sea absolutamente necesario
- Proveer entregas de valor antes de que sean absolutamente necesarias

- Inspirar al equipo
- Moldear la seguridad
- Visualizar todo el panorama

Los excedentes innecesarios se remueven al darle prioridad a las tareas de mayor valor en el proyecto y completándolas de una en una. Esto permite hacer hincapié en un proceso de trabajo eficiente y veloz, mientras se da feedback seguro y rápido. Los equipos pequeños y miembros individuales toman las decisiones, lo cual les da total autoridad sobre sus procesos. Esto le permite a cada miembro del equipo ser útil y productivo a su manera.

Kanban

De manera similar a Scrum, Kanban permite que los equipos trabajen muy cerca. Este método se centra en la producción continua sin colocar las expectativas en el lugar de desarrollo.

Hay tres principios para el método ágil Kanban:

1. Visualiza el flujo de trabajo de un día. Imagina cómo cada componente trabajará con los otros.
2. Minimiza la cantidad de Trabajo en Progreso (WIP por sus siglas en inglés). Al mantener la cantidad trabajo a un nivel ligero en cualquier momento, los equipos pueden balancear sus esfuerzos sin sentirse agobiados.
3. Mejora el flujo. Asegúrese de que la iteración con la mayor prioridad sea completada y luego continúe con la siguiente en la lista.

La implementación de este método promueve un proceso de aprendizaje continuo, una colaboración fuerte y un flujo de trabajo por equipos definido.

XP o Programación Extrema

Aunque esta metodología es popular, es controversial. Al contrario que los métodos mencionados antes, la implementación de este es más rígida. Alineado con el manifiesto ágil, XP se enfoca en involucrar al cliente en el proceso, ciclos cortos de feedback, mediciones frecuentes, desarrollo constante, y la colaboración del equipo de manera que un producto funcionando sea entregado con frecuencia, idealmente en no más de tres semanas.

Los cuatro valores de XP incluyen: coraje, feedback, comunicación y simplicidad.

Sus doce prácticas son:

1. Equipo Completo
2. Planificación
3. Test del Cliente
4. Versiones Pequeñas
5. Diseño Simple
6. Pareja de Programadores
7. Desarrollo Guiado por las Pruebas Automáticas
8. Integración Continua
9. El Código es de Todos
10. Normas de Codificación
11. Metáforas
12. Ritmo Sostenible

Las "historias de usuario" son desarrolladas junto al cliente, basadas en su definición colaborativa de la prioridad de entregables. Mientras cada iteración se complete, tus equipos deben entregar funcionalidad de acuerdo a la alta prioridad de las "historias de usuarios" después de haber estimado y planeado el proceso para esa unidad. La línea de trabajo es simple y apoya al proceso para maximizar la productividad.

Crystal

Este proceso es más fácil y sencillo de adoptar que las otras metodologías presentadas hasta el momento. Crystal es un abanico de posibilidades como "Crystal Clear", "Crystal Yellow", "Crystal Orange", etc. Cada una de estas versiones implementa elementos personalizables por sus equipos: la importancia del proyecto y las prioridades establecidas. Este enfoque surgió en respuesta a la necesidad de personalizar las prácticas, políticas y procesos que dependen de las características de un proyecto en particular. Los principios fundamentales de Crystal incluyen: simplicidad, comunicación, trabajo en equipo, y revisiones frecuentes para mejorar los procesos. Su alineación con el manifiesto ágil se produce porque Crystal involucra al cliente, se centra en el cambio y la adaptación, simplifica el proceso burocrático, y provee entregables funcionales tempranos y con frecuencia.

Método de Desarrollo de Sistemas Dinámicos (DSDM)

En la década de los noventa, una solución alternativa a los desafíos enfrentados por la industria del software fue llamada Desarrollo Rápido de Aplicaciones (RAD por sus siglas en inglés). Esta era más efectiva que cualquier propuesta anterior; sin embargo, no evolucionó de manera eficiente para cubrir con las demandas de la industria. Esto llevó a la creación de DSMD en 1994. El objetivo era implementar un estándar en la industria, así que esta era una línea de trabajo uniforme enfocada en la entrega rápida de proyectos. Desde 1994, DSDM, ha crecido para ofrecer un terreno inclusivo para que las compañías crezcan, se desempeñen, gestionen y planeen sus enfoques y proyectos ágiles.

Hay nueve principios detrás de esta metodología. Cada uno de ellos está centrado en base a las necesidades y valores del negocio, participación constante del cliente, equipos motivados, entregas continuas y rápidas, pruebas ejecutadas dentro de los procesos, y usuarios involucrados en los mismos. Dentro de este método, se promueve la filosofía de que el 80% de un entregable funcionando puede ser implementado con una inversión del 20% del tiempo total.

Las reglas por las cuales se rige el método fueron nombradas "MoSCoW" por sus practicantes. El acrónimo significa lo siguiente:

M- "Debe cumplir los requisitos"

S- "Debería incluir si es posible"

C- "Podría contener, pero no es necesario"

W- "No será incluido ahora, pero podría ser anexado luego"

El trabajo relevante es indispensable para lograr los objetivos, pero todas las partes del trabajo no entran en esta categoría. La mayoría del tiempo, los componentes críticos son incluidos en una iteración donde se manejan expectativas de "debería tener" o "podría contener", así que si hay tiempo podrían ser incluidos o podrían ser dejados de lado sin entorpecer las altas prioridades de la iteración. Es posible utilizar este método en conjunción con otros, o utilizarlo independientemente.

Desarrollo Basado en Funcionalidades (FDD)

Esta metodología es el resultado de la colaboración de muchas mentes importantes: Stephen Palmer, Jon Kern, Paul Szego, Lim Bak Wee, M.A. Rajashina y Jeff De Luca. Surgió entre las colaboraciones de Jeff DE Luca y Peter Coad, líder de pensamiento de la Programación Orientada a Objetos. Ellos idearon un proceso que reducía el número de iteraciones y estaba orientado a los modelos. Al principio, se forma un modelo general del proyecto. Después, el equipo completa las iteraciones en dos semanas. Estos tiempos cortos se utilizan para diseñar y construir un entregable. Cada característica es pequeña, pero es útil para el cliente. Al terminar estas iteraciones, el resto del proyecto es abordado con la intención de entregar las funcionalidades utilizando ocho principios primarios:

1. "Desarrollar un Modelo Global"

2. "Construir una Lista de Rasgos"
3. "Planear por Rasgo"
4. "Diseñar por Rasgo"
5. "Inspecciones"
6. "Configuración de Gestión"
7. "Estructuras Regulares"
8. "Visibilidad del proceso y los resultados"

Las prácticas como "Planear por Rasgo" y "Estructuras Regulares" son recomendaciones específicas para los desarrolladores que utilizan esta metodología. Los que tiene éxito con este método, plantean que es más fácil y escalable que otras opciones y que es mejor para equipos grandes trabajando en proyectos grandes. Lo que diferencia este método de los demás es que se identifica con intervalos de trabajo precisos que son independientes del trabajo total. En el ámbito de la industria de software, esto incluye promover la estructura, inspeccionar el código, programar, el diseño de inspección, y el diseño, entre otras.

Capítulo 8: Cómo Establecer Roles bajo esta Metodología

Crear un buen equipo es uno de los indicadores de éxito más importantes cuando se migra a un ambiente ágil. De hecho, esta migración no será exitosa sin la colaboración de equipos que trabajen juntos de forma efectiva y eficiente. Para establecer sus roles ágiles, debe hacer algo más que definirlos y asignarlos a los miembros de un equipo. Debe desarrollar cada rol con una intención clara dentro del proyecto, no solo como preparación para ejecutarlo.

Esto implica un cambio en la forma de pensar. No debe ser dominado por dudas como "¿qué se necesita para completar el proyecto y con quién puedo trabajar en eso? Estas preguntas pueden recaer en un rol definido, pero puede que el personal disponible pudiera no ser el indicado para satisfacer las necesidades de un equipo o el proyecto. Necesita reunir un equipo diverso y balanceado. Los miembros deberán tener tanto las habilidades para completar las tareas como buenas habilidades interpersonales para colaborar como un equipo. Estos deben ser flexibles, creativos, fiables y tener buena disposición. La combinación de las habilidades técnicas y estos rasgos de la personalidad son indispensables para crear un equipo dinámico y exitoso. El componente final para un equipo exitoso es el apoyo que les brinde usted y el apoyo que se brinden los miembros unos a otros. Esto va más allá de entrenarlos en cómo ser ágiles, también debe alentarlos y apoyarlos mientras se adaptan al proceso.

El enfoque de la asignación de roles también depende del tamaño del equipo. Por ejemplo, los entornos grandes proporcionan más opciones, pero complican más los roles. Un entorno pequeño permite modificar los roles con mayor facilidad, pero brinda menos opciones. Este capítulo ha sido dividido en dos secciones para ayudarle a definir los roles de su organización: equipos pequeños y equipos grandes. Los primeros son todos aquellos que cuentan con menos de 15 personas; los otros, aquellos con más de 50. Para los equipos que están en el medio, se deberían considerar todas las sugerencias mencionadas a continuación y tomar una decisión sobre cuál será el mejor curso de acción en ese caso.

Equipos Pequeños

En cada metodología los roles tiene nombres con variaciones ligeras. Sin embargo, muchas de las descripciones serán similares a los roles aquí mencionados. En ocasiones, encontrará títulos alternativos en las descripciones que le ayudarán a encontrar el mejor rol para el método que utiliza. Es importante recordar que un rol no es una posición en la compañía. Una persona puede tener roles variados y pueden cambiar con frecuencia dependiendo de lo que ocurra en su compañía o los proyectos. Además, es posible asignar el mismo rol a más de una persona, o a ninguna. A continuación, se mencionan los roles más comunes en los equipos ágiles pequeños:

Líder de Equipo

También conocido como "Scrum Master", "Coach del Equipo", "Líder del Proyecto". Es la persona encargada de supervisar a los equipos y reunir los recursos necesarios para el éxito de los mismos. También, debe proteger a los equipos de amenazas externas. Este es el rol más administrativo y, por lo tanto, requiere un mejor manejo de las habilidades interpersonales que las técnicas. De todas maneras, se considera mejor dejar cualquier componente técnico a cargo de los equipos.

Miembros del Equipo

También conocidos como "Desarrolladores" o "Programadores". Son los encargados de entregar las iteraciones del proyecto. Durante este proceso, estas personas hacen modelos, programan, prueban, y entregan funcionalidades.

Dueño del Proyecto

También conocido como "Cliente en el sitio", "Interesado Activo", o "Interesado". Este rol se asigna a la persona encargada de revisar la lista de pendientes y determinar las prioridades. Es el responsable de asegurarse de que las decisiones se tomen rápido y también de ofrecer información con prontitud.

Parte Interesada

También conocido como "Usuario Directo", "Usuario Indirecto", "Usuario Gerente", "Gerente Senior", "Gerente de Operaciones", entre otros. Este rol es asignado a la persona que está pagando por el proyecto, quien apoya al equipo de manera administrativa, revisa el trabajo o generalmente se encarga del personal. Todas las personas afectadas por el proyecto son consideradas partes interesadas en el proyecto y deberían ser incluidas como tal.

Expertos Técnicos

Son los responsables de ayudar al equipo a completar una iteración, pero no son miembros permanentes de la fuerza laboral. Por ejemplo, un arquitecto de sistema puede ser llamado para escribir un código o por alguna necesidad de base de datos requerida para el diseño y pruebas de un sistema. Ellos proveen al equipo con ciertas habilidades necesarias para resolver problemas y luego se retiran de la iteración.

Expertos

Estos también son miembros temporales de un equipo que colaboran con los miembros. Las personas a las cuales se les asigna este rol son expertos en algún área del conocimiento, como un experto en impuestos que viene a explicar los requisitos desde una perspectiva legal o un ejecutivo de un patrocinador que comparte la visión del proyecto con el equipo.

Tester

Generalmente, es más de una persona. Este grupo de personas no está involucrado en la producción de las funciones, pero suelen ser llamadas cuando el producto está listo para ser probado. Pueden trabajar con el equipo, pero su intervención radica en validar el trabajo del mismo. Muchas compañías utilizan este rol cuando tienen una buena dotación de personal, pero no es algo necesario para el éxito del proyecto. Si encuentra difícil mantener un equipo de testers independientes durante la duración del proyecto, considere solo asignar este rol en los proyectos más detallados y de mayor escala.

Equipos Grandes

Si su equipo consta de más de 20 personas, es momento de reconsiderar los roles asignados. Técnicamente, un equipo no es grande hasta que ha alcanzado más de 50 integrantes, pero el cambio de dinámica entre 19 y 20 es suficiente para ameritar cambios. Ahora cuenta con más personas. ¡Divida y conquiste! Puede tener dos equipos pequeños trabajando en lugar de uno grande. Lo ideal sería que estos equipos trabajaran de manera independiente para completar una iteración del proyecto. Esta idea es conocida como la "Ley de Conway", haciendo referencia a Melvin Conway, el hombre que enunció este concepto a finales de los sesenta. Los nuevos roles para equipos grandes incluyen:

Dueño de la Arquitectura

Este es el rol encargado de manejar toda la estructura de un proyecto. Ellos conducen al equipo a imaginar la estructura porque han sido parte del desarrollo de la visión desde el inicio. Este rol no debe ser confundido con un arquitecto tradicional porque no se trata de crear la dirección del proyecto entero; en vez de eso, busca asistir a la formulación y desarrollo del plan de trabajo.

Integrador

Cuando hay dos o más sub-equipos o equipos pequeños trabajando en un proyecto grande, en algún momento se debe integrar el trabajo. En ocasiones, existirá un equipo grande trabajando en una tarea complicada, mientras varios equipos pequeños harán lo propio en iteraciones pequeñas. Los integradores reúnen las piezas de varios equipos y comienzan a armar el proyecto final. Este rol funciona mejor con testers independientes que le han sido asignados, porque, mientras se integran las piezas, es importante comprobar si la combinación de las mismas funciona correctamente.

La Ausencia de Roles Tradicionales

Podría parecer que todos los roles tradicionales han sido eliminados, pero al leer con detenimiento, es evidente que esos nuevos roles ágiles son una combinación de lo que solía ser el Gerente de Proyecto o Analista de Negocios, con roles como el Coach del Equipo o Miembros del Equipo. Esto implica que las funciones de estos roles todavía están presentes, pero se manejan de una manera distinta.

La Ausencia de Roles Empresariales

El propósito de este capítulo fue identificar los roles organizacionales y de los equipos dentro de la metodología ágil, no los roles a nivel de apoyo empresarial, como el Administrador de la Empresa o el Gerente del Portafolios. Para manejar mejor la escalabilidad de los roles ágiles, necesita crear posiciones ágiles a nivel de la empresa. Aunque no tengan los mismos roles que los miembros de los equipos, deberían y tendrían que adoptar la mentalidad ágil para la mejora y el éxito de los equipos y la compañía en general.

Capítulo 9: Cómo Crear el Ambiente Adecuado

Cambiar los procesos no garantizará que el ambiente de su compañía se vuelva ágil. Los cambios deben ocurrir a nivel cultural. Esta es la parte más complicada. Supone un desafío por una cantidad de razones, como el miedo salir de la zona de confort, pero cuando se encuentra una solución a esto, puede comenzar a crear el ambiente ágil que desea. Primero, debe hacerse cargo de su cultura y demostrar como usted y todos los gerentes encargados de los equipos planean apoyar a todos para adoptar una mentalidad ágil.

En Compañías Pequeñas

Será más fácil crear este ambiente si carece de la complejidad de niveles presentes en las corporaciones grandes. Para crear esta cultura, es importante adoptar y practicar tres principios: los miembros de los equipos deben estar al tanto de cómo y qué clase de metodología ágil se implementará en la compañía, los directivos de niveles intermedios deben dejar de dirigir y empezar a hacer coaching, y los ejecutivos deben validar los principios de un ambiente ágil.

Un Gerente para la Metodología Ágil

Un Gerente bajo esta metodología no tiene función técnica. Operan como un guía interpersonal. No tienen la autoridad para dar órdenes a los empleados, pero se centran en construir una relación de respeto. Se comunican de manera efectiva, piensan analíticamente con el equipo, son diplomáticos, y escuchan para entender y mejorar las relaciones.

Para ser un gerente ágil exitoso, debe internalizar que usted no es el jefe de los miembros del equipo. No tiene ninguna autoridad sobre ellos, así que para lograr su buen desarrollo en el proyecto, debe convencer a sus superiores antes de pedirles que formen parte de su equipo. Antes de esto, los gerentes de nivel medio deben ser entrenados para entender ágil y expresar su apoyo por este cambio. No es efectivo convencer a un empleado si su supervisor no está de acuerdo. Por ejemplo, el gerente debe estar a favor de las reuniones de pie de 10 minutos durante las que los equipos presentan sus expectativas y noticias sobre el proyecto, las cuales ocurren a diario. Después del entrenamiento, la mejor manera de convencer a cualquier persona, sin importar el nivel, es demostrarles las aplicaciones de esta nueva mentalidad en su propio rol. Usted es el ejemplo que deben seguir cuando sientan que necesitan un guía.

Planee lo necesario

Esto implica organizar una planificación para lograr las entregas, nada más. Este tipo de plan se ofrece para no desviarse del camino antes de agregar más cosas. Es difícil crear el hábito de hacer esto, pero es esencial para el éxito de la compañía ágil. Sin embargo, este cambio de mentalidad le permitirá realizar entregas tangibles con mayor frecuencia.

Cuando el cliente recibe el informe del resultado de cada iteración, recibirá el feedback necesario para asegurarse de que el resultado final sea valioso para él. Debe seguir estas tres etapas si quiere lograr la satisfacción del cliente:

1. Defina las necesidades del cliente con claridad. Es importante que usted y su equipo sepan exactamente quién es el cliente y qué es lo que solicita.
2. Cree una relación fuerte con el cliente. Necesita conocerlo bien. Como gerente, es ideal comunicarse y acercarse al cliente antes de que el proyecto empiece, de esta manera este querrá mantener la comunicación durante el desarrollo del proyecto.
3. Abogue por el cliente durante el proyecto. Si no está presente cuando se discuten las tareas y sus prioridades, piense como el cliente y actúe para resguardar sus intereses.

Para Aquellos Sin Conocimientos Técnicos

Anteriormente, se mencionó que un gerente no necesita habilidades técnicas para hacer su trabajo, pero es importante que entiendan las expectativas del cliente y la habilidad del equipo para realizar las entregas. Si no posee conocimientos técnicos, considere lo siguiente:

- Promueva la realización de pruebas de funcionalidad con frecuencia y en dosis pequeñas. Esto le permite encontrar errores con el equipo antes de que se conviertan en un problema mayor.
- Promueva el uso de pruebas automatizadas para facilitar el trabajo del equipo.
- Conduzca pruebas diarias para detectar si hay errores ese día.
- Preste atención a la escala del proyecto para que el proceso pueda desarrollarse orgánicamente.

El énfasis está en el ambiente de trabajo del equipo y no en el código o proyecto a desarrollar. Asegúrese de que la comunicación se lleve a cabo cara a cara con la mayor frecuencia posible, y modele el comportamiento que quiere ver en su equipo. Esto implica que no puede ser más orgulloso que ágil. Cualquier crítica a sus conceptos no es sinónimo de un ataque personal. El ambiente ágil que haya creado se caerá a pedazos si piensa de esta manera. Sea positivo y constructivo, incluso cuando se enfade, y recuerde mantener el respeto hacia los demás sobre todas las cosas.

Cómo Dirigir su Propio Equipo

Es importante que guíe a su equipo desde la etapa de convencimiento hasta hacerse propietario. Cuando comience a implementar ágil en su compañía, el equipo empezará a aceptar los procesos. Para lograr esta transición, el equipo debe creer en el éxito del proceso y considerarlo un procedimiento común. En este punto, el gerente no necesita vigilarlos para que utilicen el método ágil; ellos querrán hacerlo.

Debido a la madurez y competencia de los miembros del equipo, no todos estarán a cargo del proceso al mismo tiempo. Afortunadamente, durante el proceso, estos problemas desaparecen de forma natural. Parte del proceso es dar recompensas por el esfuerzo realizado en el proceso ágil. Estas deberán estas basadas en la disposición de los miembros del equipo para colaborar.

Es importante reconocer en qué etapa de su carrera están los miembros del equipo. Los empleados nuevos están aprendiendo y adaptándose, y dependen de los demás para integrarse a la nueva cultura. Aquellos que contribuyen individualmente componen la mayoría de su equipo y tienen un rango de habilidades. Estos son los que necesitan tutoría. Son personas que ya encontraron su "zona de confort", así que les llevará más tiempo adaptarse al método nuevo. Los instructores en su equipo son aquellos que adoran compartir sus conocimientos con los demás. Si cuenta con personas como estas, pueden ayudar a motivar a los individuos a aceptar el cambio en lugar rechazarlo.

Conseguir el Apoyo de los Ejecutivos

El equipo ejecutivo irá al grano con sus preguntas: ¿por qué se debería implementar el método ágil, cuál es su valor en esta compañía, cuánto costará esta implementación, cuáles son los riesgos, y en qué nos ayudará?

Tener confianza y estar bien documentado sobre su enfoque ágil le ayudará a responder a estas y otras preguntas durante la conversación. Las respuestas variarán dependiendo de la compañía o los proyectos, así que debe ser claro sobre lo que presenta y realista en sus expectativas. Es aconsejable mantener una vía de comunicación abierta con el nivel ejecutivo en todo momento, para que formen parte del proceso constantemente.

Capítulo 10: Planeación de Sprint, Ejecución y Revisión

Durante los sprints (intervalos de trabajo), la colaboración de los miembros del equipo debería ocurrir de cierta manera para aumentar la producción de productos de calidad. Todo comienza el primer día de planificación. Aunque esto no es la típica planificación de gestión de proyectos: es planeación de sprints. Esto requiere que el equipo entero esté presente durante la planeación. Este paso es fundamental en la planeación del proceso. Debe haber una planificación previa antes de que el equipo se reúna. Se debe establecer la lista de pendientes para que los detalles y criterios estén claros. Luego, el cliente debe organizar esta lista y prepararse para discutir los objetivos del sprint con el equipo. Las metas deseadas deben ser un reflejo de las prioridades en la lista de pendientes. Finalmente, se debe estimar la carga de trabajo deseada para los equipos. Si ha hecho esto antes, entonces podrá determinar las cargas con mayor precisión. Sin embargo, puede haber imprecisiones en las primeras estimaciones. Se aconseja que haya discusiones posteriores con el equipo para alcanzar un equilibrio.

Planeación

Durante esta fase, su equipo y usted deben determinar qué tareas tienen mayor prioridad. De esta forma, mientras se completa cada sprint, puede estar seguro de que los resultados producidos son los más relevantes. Es un esfuerzo colaborativo. Para alcanzarlo, debe establecer un objetivo para el sprint. Este define e identifica el propósito del trabajo elegido. También define el proceso de colaboración y revisión de la manera que sea necesaria.

El objetivo es la guía para el plan de trabajo. Ahora que sabe qué es lo más importante para el proyecto final y qué debe completar primero, puede empezar a planear cómo llegar a este punto. Puede ser mediante un plan técnico o una estimación del trabajo necesario para completar el sprint. Este proceso no requiere de la presencia del cliente y, en la mayoría de los casos, resulta mejor que no estén durante esta etapa para promover su posesión; pero deberían estar disponibles si surgen dudas o se necesita explicar algo. Cuando el equipo ha completado el plan, deberían sentirse lo suficientemente confiados como para predecir el resultado de un sprint en función del objetivo. Luego, pueden iniciar la ejecución del plan mientras los procesos se llevan a cabo de acuerdo a la planificación.

Ejecución

Los equipos realizarán sus tareas todos los días. Necesitarán trabajar juntos y llevar un registro de cómo estas se llevan a cabo. Durante la ejecución, los equipos pueden reportar su progreso en una tabla designada para sus tareas y revisar el gráfico de *burndown* para identificar qué tareas todavía no han sido completadas. La consistencia de estos reportes es esencial para el éxito y la dependencia en el resto del equipo.

Otra parte de la ejecución incluye las reuniones día de Scrum de 10 a 15 minutos. Estas deberían llevarse a cabo todos los días a la misma hora y en el mismo lugar. En ellas, los equipos presentan sus planes sobre cómo avanzar hacia el desarrollo de los objetivos. Solo los miembros de equipo deberían estar presentes en esta reunión y todos los presentes deben participar. La participación consiste en explicar lo que se hizo el día anterior para alcanzar las metas, qué se planea hacer en el día con este objetivo y a qué desafíos se enfrentan. Cuando la reunión termina, se debería de haber creado un plan para el día. En este se presenta información, como la manera en que el equipo planea alcanzar sus metas y qué tipo de colaboración es requerida para esto. Los desafíos enfrentados por los equipos deberían ser presentados por el líder de Scrum y el cliente.

Otra parte de este proceso incluye la revisión frecuente de la lista de pendientes. Esto no ocurre a una hora o lugar fijos, pero, cuando los cambios ocurren, la lista debería ser revisada. Cada equipo decidirá con qué frecuencia y cuándo revisarla, pero un buen hábito sería revisarla a diario. Independientemente de cuándo se haga, el tiempo para realizar estos reajustes no debería llevar más del 10% del tiempo del sprint. Si esto implica que no se puede hacer una revisión diaria, debe hacerse al menos con frecuencia, para que el proyecto no se salga del límite de tiempo establecido.

Cuando se revisa la lista, el grupo debe identificar cada elemento y revisar el alcance y criterios requeridos para completar la iteración. Luego, el equipo dividirá los ítems grandes de ser necesario y refinará los detalles. Se utiliza un temporizador para evitar que el equipo gaste mucho tiempo en el proceso de refinación. Cuando se acaba el tiempo, el equipo hace una pausa y se discute durante la próxima sesión planeada para los ajustes. Esto se repite, partiendo del último punto refinado, hasta que el proyecto haya sido completado.

Este esfuerzo colaborativo no se realiza al margen de las reuniones de Scrum y sesiones de refinación. Es consistente. El equipo es responsable del éxito o fracaso del producto. Los miembros del equipo proveen feedback, piden o dan ayuda, y encuentran qué trabajo debe ser realizado tras hacer sus contribuciones.

Revisión

Si se alcanza el objetivo del sprint, es probable que haya sido el resultado de la colaboración del equipo a través de los riesgos y desafíos. Los equipos habrán trabajado en las tareas pendientes (*burndown*) para asegurarse de que el trabajo fuera completado a tiempo y hayan involucrado a las partes interesadas en el proceso. La etapa final del proceso debe ser un evento positivo o motivacional, incluso si el resultado no resulta ser tan bueno como se esperaba. Pero esto no implica que no debería haber preparación para ir a la reunión. Este período de revisión le permite a los equipos demostrar cómo su trabajo contribuye al valor del proyecto final. También es la mejor oportunidad de involucrar a las partes interesadas para que vean los resultados. Asegúrese de invitarlos con antelación para que puedan estar presentes.

La revisión de los sprints también le permite evaluar su trabajo y adaptarlo para próximos sprints. Las revisiones de desempeño son compartidas, se puede dar feedback, y aprender lecciones sobre las prioridades de la lista de pendientes. Si todavía queda trabajo por hacer, este puede ser revisado y añadido a la lista si es necesario.

Retrospectiva

El proceso de revisión se centra en el valor que los productos y entregables le dan al proyecto. En él se discute el trabajo que se llevó a cabo y el que no se realizó. Cuando termina, comienza la retrospectiva. Esta se centra en el proceso que un equipo siguió para completar el sprint. Se trata de identificar el proceso más eficiente. Se aconseja tener esta reunión tan pronto como sea posible antes del proceso de revisión. Esto sería lo óptimo porque la revisión da una perspectiva distinta de las ideas a ser discutidas durante la retrospectiva.

Todos pueden asistir a la retrospectiva, cuanta más participación haya, mejor. La razón para promover la asistencia de todos es que cada persona involucrada en el sprint se sienta en posesión del proyecto. Esta sesión debe ser clara y honesta para permitirle a las persona ventilar sus emociones y observaciones con la vista puesta en la resolución. En esta reunión no existe ninguna jerarquía. El Scrum Master encamina la reunión y promueve la discusión siguiendo una línea: qué tan bien se dieron los procesos en esta ocasión, cómo fue dividido, qué piensan los participantes que se debe mejorar, y elogiar el desempeño individual de los miembros. Otro punto de la reunión es presentar una línea de tiempo visual del sprint para ayudar a los presentes a recordar ciertas acciones realizadas durante el proceso.

Capítulo 11: Control de Calidad

En un proyecto ágil, tener un control de calidad implica que los procesos de entrega de productos de valor están bien manejados. La satisfacción del cliente es la medida principal de la calidad del producto. Debido a su estrecha relación con el proceso ágil, se puede asumir que el control de calidad es una parte natural del proceso. Se puede abordar el control de calidad a través de las siguientes:

- El ciclo de vida de un proyecto ágil
- Los roles asignados en un proyecto ágil
- El inicio y el alcance del proyecto ágil
- La planificación y estimación del proyecto ágil
- La ejecución, monitoreo y control del proyecto
- El control total de la calidad del proyecto ágil
- El control de riesgos del proyecto
- El manejo de los cambios en el proyecto
- El cierre del proyecto

Control y Garantía de la Calidad en un Proyecto Ágil

La "Garantía" se refiere a las actividades planeadas; el "Control", a la implementación de los planes. En un sistema de gestión tradicional, estos ocurrían cuando el gerente diseñaba un plan detallado para el proyecto. En un proyecto ágil, ambos ya están incluidos en el proceso. Esto ocurre porque se espera que el equipo ágil cumpla con las expectativas recientes definidas por el cliente y no lo que fue diseñado por el gerente del proyecto, en ocasiones meses antes del sprint actual. El cliente es parte del progreso diario del equipo; de esta manera, pueden guiar el proceso de manera continua. Aunque su participación no es completa, pueden estar presentes para revisar y asegurarse de que todo marcha de acuerdo a las expectativas.

Otro factor es el tiempo total. Este concepto implica que hay un tiempo establecido para cada entregable. Durante este tiempo, el equipo debe crear un producto funcionando y de valor para el cliente según las prioridades de la lista de pendientes. Este proceso se beneficia de las revisiones informales y las lluvias de ideas documentadas. Si hay una reunión, debe asegurarse de que alguien se encargue de tomar apuntes para llevar un registro de los temas principales que fueron revisados. Estos pueden ser enviados a los equipos después de las reuniones como recordatorio. También pueden ser enviados al cliente u a otras partes interesadas.

Cuando se termina el tiempo establecido, se convoca una reunión de revisión. No obstante, puede realizar más de una de estas reuniones en cualquier punto del tiempo total, en especial si el tiempo establecido es cercano a cuatro semanas. La documentación de este proceso es, posiblemente, uno de los aspectos más importantes del mismo. Algunas metodologías hacen de esta documentación un requisito, mientras que otras solo la recomiendan. En cualquier caso, es una buena idea promover la práctica de documentar el proceso siempre y cuando no lleve demasiado tiempo el completarla.

Otras garantías y controles establecidos dentro del proceso ágil incluyen:

- Reuniones frecuentes para actualizaciones de estado
- Pruebas de unidad automatizadas
- Pruebas de aceptación
- Intentos de mejoras
- Pruebas de regresión
- Pruebas exploratorias
- Pruebas de especialistas
- Mediciones y revisiones de códigos
- Incorporación constante
- Espacios de información
- Revisiones de proyecto programadas previamente

Las reuniones diarias satisfacen las expectativas de reuniones frecuentes. Los productos son probados mientras son desarrollados para comprobar que funcionan al 100%, como se supone que deben funcionar. En ocasiones, las pruebas pueden ser desarrolladas antes de tener un producto. Otras pruebas, como las de aceptación, regresión y exploratorias, requieren de la definición de un problema y la creación de un plan para solventarlo. Una prueba de aceptación debería ser un proceso automatizado que asegura que el cliente está de acuerdo con la dirección del proyecto y las iteraciones. Mientras más sprints se completen y se añadan más piezas de otros equipos, es importante realizar una prueba de regresión. Tras realizar los cambios, ¿los resultados no cumplieron con las expectativas? De nuevo, esto debería ser un proceso automatizado.

La prueba exploratoria es una prueba sin guión para mostrar cuáles son los desafíos que han aparecido. Algunos de estos pueden y deben ser atendidos de inmediato, mientras que otros pueden ser agregados a la lista de pendientes y resolverse después. Las pruebas de especialistas se refieren a las pruebas adicionales centradas en los resultados de un ítem particular, no el sprint completo o el proyecto. El desarrollo basado en pruebas es una prueba de medición. Es otra prueba automatizada y muestra si el producto cumple o no con los requisitos del cliente.

Las revisiones y mediciones permiten a los testers tener una idea de qué deben comprobar. Esto puede llevarse a cabo a través de métodos tradicionales, como revisar el código o programación en pares. En un ambiente ágil estándar se guarda información sobre el éxito del proyecto. El propósito de las mediciones es asegurarse de que cada tarea es valiosa y de la más alta calidad durante la ejecución del proyecto. Parte de este proceso incluye una prueba automatizada de regresión durante la revisión. En ocasiones, esto puede ocurrir varias veces en un mismo día.

El espacio de trabajo para sus equipos debe motivarlos y mantenerlos informados. Las gráficas presentes en la habitación deben incluir: planes de tiempo máximo disponible (Timebox), gráficas de trabajo pendiente (Burndown), estado actual de la estructura (Current Build Status) y más. Esto le da la oportunidad de revisar la calidad en cada situación. La función de la revisión final es mostrar el proyecto completo. Esto da tiempo para celebrar y recolectar ideas sobre qué cosas pueden hacerse mejor en el próximo proyecto.

Mejorar la Calidad

Las revisiones y retrospectivas son utilizadas para reflexionar sobre un proyecto ágil. El tiempo utilizado en estas reuniones está designado para dar informes honestos de cómo funcionaron los procesos y el marco de trabajo y cómo puede mejorarse la próxima vez. Si algún cambio importante aparece fuera de estas reuniones, se describe en una "historia de usuario" para su implementación futura. La mayoría de las veces, esto se convierte en un sprint nuevo. De lo contrario, los cambios pequeños pueden ser agregados al próximo sprint para una adaptación rápida.

Estas mejoras están basadas en uno de los principios de ágil: "En intervalos regulares, el equipo reflexiona sobre cómo volverse más eficientes, luego ajusta su conducta de manera apropiada".

En una gestión tradicional de proyectos, el control de calidad y las mejoras pueden suponer un proceso complicado, quitándole tiempo. Con un enfoque ágil, el monitoreo y revisiones son constantes durante todo el proceso, de principio a fin. Este enfoque de inspeccionar y equilibrar implica que debe desviarse mucho para asegurarse de que su entrega cumplirá con las expectativas de su cliente y de la compañía.

Capítulo 12: Control de Riesgos

Al igual que el tema del capítulo anterior, control de calidad, el control de riesgos es una parte inherente del proceso ágil. Hay muchos factores que condicionan el éxito de un proyecto, los cuales no son parte del proceso ágil, pero cuando son tomados en cuenta, los riesgos pueden ser minimizados. Incluir un plan de control de riesgos en su proceso ágil puede ser de mucha ayuda para su desarrollo. Existen seis pasos en el círculo de control de riesgos del proceso ágil. Estos son:

1. Identificación
2. Categorización
3. Medición
4. Diseño
5. Ejecutar el plan
6. Repetir

Los Conceptos Fundamentales

Un riesgo implica la posibilidad de fallar, sin importar lo preparado que esté su equipo y plan ágil. Esto es porque los riesgos ejercen su influencia sobre el proyecto y los resultados de manera incierta. Al analizar un riesgo, el equipo remueve la incertidumbre de la ecuación minimizando el efecto que este puede tener en el resultado del proyecto. La Mitigación de Riesgos o Control de Riesgos es un plan diseñado por el equipo para anticipar, aislar o aliviar los efectos del riesgo.

Aunque el cambio es algo presente en el ambiente ágil, los riesgos no son la misma cosa. Por esta razón, necesita entender y aceptar que, sin importa el tamaño de su compañía o el proyecto, se enfrentará a ciertos riesgos. Planificar en función de riesgos potenciales implica que puede minimizar sus efectos cuando se hagan presentes.

Los Pasos del Control de Riesgos Ágil

1. *Identificación*

    Los riesgos poseen dimensiones. Algunas pueden ser útiles o nocivas, o una mezcla entre ambas. Las otras dimensiones del riesgo incluyen las influencias internas o impactos externos. Puede analizar sus dimensiones al identificarlas con un análisis de Fuerzas, Debilidades, Oportunidades, y Amenazas (análisis SWOT por sus siglas en inglés). El control de riesgos busca información derivada del análisis de las dimensiones del daño.

2. *Categorizar*

    Tras identificar los riesgos, es necesario categorizarlos. Esta categorización se hace en función del área del proyecto que podría ser afectada, la probabilidad de que el riesgo se manifieste, y el impacto total que podría tener en el resultado final. Las cosas como el alcance o recursos son de interés e impacto para los miembros del equipo de desarrollo, mientras otras áreas afectan a todos, como el presupuesto o la seguridad.

3. *Medición*

   Cuando los riesgos han sido identificados y categorizados, es el momento de medirlos. La mejor manera es evaluarlos desde dos vectores: impacto y probabilidad. En este momento, se requiere de la asistencia de un profesional, en especial si se trata de un riesgo de seguridad. El cliente no es un miembro técnico, así que es posible que no sean expertos en el área en la cual ha sido clasificado el riesgo. Por esta razón, deben encontrar a alguien que sepa cómo explicar las mediciones de manera objetiva. En ocasiones, esta persona puede estar en uno de los equipos; otras veces, deberá contratar a alguien para que haga esto. Esta separación del cliente y las mediciones de riesgo eliminan la presión real o percibida para producir algo, haciendo que el equipo se vea mejor a pesar del riesgo inherente. Después de que se presente la matriz, debe reunirse con el equipo y discutir en cuál de los dos puntos principales se clasifican los riesgos, y colaborar para encontrar soluciones potenciales a los problemas que podrían surgir. Este es el momento apropiado para compartir todos los pensamientos relacionados con el riesgo identificado. Durante esta discusión, no es raro descubrir riesgos adicionales que no fueron evidentes antes. El impacto es la medición del efecto que podría tener sobre el proyecto. La probabilidad se refiere a la posibilidad de que el riesgo se presente en una fase determinada del proyecto. Ambos términos pueden ser medidos en escalas del 1 al 10. Evalúe donde va su riesgo en relación con ambas y luego multiplique ambos números. Este es el Valor del Riesgo. Ahora puede encargarse de los riesgos con los valores más altos.

4. *Diseño*

   Tras identificar los riesgos críticos que acechan el éxito de su proyecto, necesita planear cómo los abordará. Esto puede hacerse con un plan en profundidad, pero sin salirse del ambiente ágil. La simplicidad siempre es la mejor opción. En esta fase es importante utilizar las palabras adecuadas, ya que estas pueden hacer que los miembros del equipo o las partes interesadas tomen ciertas acciones sin que hayan sido pedidas directamente. Estas son algunas de las maneras de mencionar los riesgos:

- 25+- *Crítico-* Se debe tomar acción inmediata, vigilando el progreso diariamente.
- *15-20- Serio-* Monitoreo semanal. Se debe involucrar a los gerentes de ser necesario.
- *6 -12- Moderado-* Monitoreo y revisión mensual.
- *1-5- Mínimo-* Revisar cada trimestre. No tendrá un impacto relevante en el proyecto. No se requiere tomar medidas.

Preste atención a cada evaluación que se complete. Deberá hacer esto al comienzo de una sesión de planeación para ser utilizado durante un sprint. Cuando un sprint se completa, una nueva comienza, y se debe mantener un registro de la progresión del proyecto. Así, mientras el proyecto avanza hacia su finalización, puede asegurarse de que sus riesgos han sido manejados apropiadamente y que el éxito no está en peligro.

5. *Ejecutar el Plan*

Cuando se planea la estrategia para mitigar el riesgo, es tiempo de tomar acciones basadas en ella. Puede sonar simple e intuitivo, lo es, pero es un paso difícil para algunas personas. Los humanos somos procrastinadores, especialmente si nuestro trabajo es complicado y poco interesante. Pero si no toma acción a tiempo, estará jugando a la Ruleta Rusa con el éxito del proyecto. Parte del éxito del plan de predicción de riesgos es que se enfrentan los más peligrosos primeros. De esta manera, puede confiar en que ha hecho todo lo posible para garantizar el éxito del proyecto.

Otro componente de esta acción es asegurarse de que, si se debe fallar, se falle en las primeras fases del proceso. Esto no implica que debería tirar la toalla, pero es importante identificar la realidad del riesgo y su impacto potencial en el proceso. Si es muy probable que ocurra y sus esfuerzos serán en vano, ¿desearía saberlo temprano, antes de que haya mucho camino recorrido, o después, cuando el equipo haya puesto sudor y sangre en algo que no se materializará? Si descubre que el proyecto no es factible en su forma actual, puede dejar de lado las tareas y hacer algo más, o puede revisar el plan del proyecto y abordarlo desde otra perspectiva. En ocasiones, esto puede iniciar un diálogo para asegurar recursos adicionales y habilidades diferentes en los equipos para alcanzar el éxito del proyecto.

6. *Repetir*

Por suerte, repetir es algo sencillo. Cuando tiene experiencia identificando riesgos tempranos, crear planes de acción para mitigarlos es sencillo. Esto es fundamental para el éxito del proyecto. Completar estos pasos correctamente, puede ayudarle a idear un ciclo de evaluación de acciones valioso para descubrir, gestionar y minimizar los riesgos. Asegúrese de revisar su plan de riesgos cada trimestre. Lo ideal sería hacer en la sesión de planeación del próximo sprint. En estas, el equipo tiene acceso total a los riesgos, evaluaciones y mediciones. Las revisiones no deben ser extensas para cada sesión de planeación, pero deben reflejar los riesgos en el registro que se ha elaborado y mostrar los más importantes, para que el proyecto tenga más probabilidades de éxito. Estas sesiones son buenas oportunidades para descubrir nuevos riesgos. Esto ocurre porque, mientras el equipo trabaja en el proyecto, nuevos desafíos pueden aparecer, ofreciendo nuevos riesgos que deben ser considerados. Durante este proceso, si encuentra un riesgo con un puntaje alto que es potencialmente catastrófico para el éxito del proyecto, debe asegurarse de que este sea controlado de inmediato.

Afortunadamente, el proceso de analizar los riesgos a los que se enfrenta el proyecto ágil es simple. Simplemente, puede seguir estos seis pasos para estar alerta sobre las amenazas hacia su éxito y eliminar cualquier probabilidad de fracaso al estar preparado, gracias a la colaboración de su equipo.

Capítulo 13: Consejos Finales

Si ha conseguido llegar al final de este libro y todavía experimenta fracasos con sus proyectos ágiles, no tema, no está solo. Siempre hay tiempo de mejorar sus procesos. Pero quizá la información que necesitaba no estaba en las páginas anteriores del libro. Quizá las respuestas que busca están es este capítulo final.

Cinco Consejos para Alcanzar el Éxito con Ágil

1. Debe crear un ambiente de confianza para su equipo

Como gerente, necesita mantenerse en contacto con las partes interesadas en el proyecto. Cada individuo debe sentirse en libertad de discutir las prioridades. Esto es más fácil de hacer cuando le da a cada persona la oportunidad de hablar y ser escuchada, y respetar sus aportes. Esta acción simple permite el crecimiento de los miembros de sus equipos.

2. Escuche con atención los intereses de la compañía y de las partes interesadas

Un buen gerente de proyectos ágiles está al tanto de ambos bandos: la compañía y el cliente. Pero también implica ver el proyecto desde la perspectiva de los miembros del equipo en la compañía y los ejecutivos. La transición a un ambiente ágil puede ser difícil para todos, así que asegúrese de escuchar las opiniones de todos y de ayudarlos.

3. Los obstáculos deben ser encontrados y eliminados

Pregúntele al equipo con frecuencia qué obstáculos encuentran para alcanzar el éxito. Averigüe cómo puede ayudarlos a resolver estos problemas. Por ejemplo, si a alguien no le gusta hablar estando en grupo y no contribuye en las reuniones diarias por esta razón, necesita encontrar una manera de hacer que esta persona se comunique, pero no en el mismo tipo de escenario grupal. Esto podría resolverse con una nota o un correo electrónico para que esté enterado de sus contribuciones y planes.

4. El aprendizaje es fundamental

El equipo no es el único grupo de personas que necesita a su lado en el sistema ágil. Esto implica que debe educar a los ejecutivos y demás gerentes, además de cualquier otra parte interesada. Todos deben visualizar claramente los beneficios de este cambio. En ocasiones, necesitará apoyo para vender su idea al grupo. Esta persona podría dar todos los detalles sobre el proceso que usted no sea capaz de presentar de forma persuasiva.

5. Mentor

Necesitará de la ayuda de otras personas para entender las prácticas ágiles en un ambiente exitoso. En lugar de culpar a la metodología o el proceso, considere tomar responsabilidad por sus métodos de gestión y piense si es usted la causa de los fracasos. Quizá necesita que un miembro de equipo reacio se integre, para que pueda ser educado por otro miembro más entusiasta y sabio. Sin embargo, si usted es quien necesita de esta educación, busque a un instructor u otro equipo o negocio que sea exitoso con el método ágil y empiece a aprender todo lo que pueda sobre su enfoque y estilo.

Diez Consejos para Formar un Equipo Ágil

1. Reconocer los roles en el proceso

Ser ágil es un trabajo de equilibrio continuo. Debe ser un visionario y centrarse en los equipos, pero también debe dejar de controlar y alentar al equipo a ser más flexible, abierto al cambio y a comunicarse de forma abierta y honesta.

2. Realice su primera acción y siga adelante

Las nuevas tecnologías y procesos siempre aparecen, y roles y términos diferentes empiezan a ser utilizados. Las personas en su equipo se mantienen actualizadas leyendo libros y blogs para entender mejor el proceso ágil. Pero aunque siga explorando los conceptos, cuando decida que es tiempo de comenzar, necesita asegurarse de que irá a toda marcha en esa dirección. No se detenga. La mejor manera de conocer las nuevas tecnologías, procesos, o formas es ponerlas en uso en un ambiente real. Siempre encontrará desafíos, pero ahora tiene las herramientas para enfrentarlos. Use este nuevo comienzo como una manera de definir los valores de su equipo y su propósito.

3. Resuelva los problemas de los que tenga conocimiento

Su equipo será exitoso si se mantiene centrado y trabaja constantemente. Para dar una dirección, debe saber cuáles son las necesidades y cómo satisfacerlas. Esta práctica requiere que determine si el problema debe ser resuelto en el momento o puede esperar a después. Con el tiempo, desarrollará la habilidad para estudiar los problemas, encontrar una solución e implementar un plan cuando el tiempo está a su favor, para favorecer al cliente y al proyecto.

4. Mantenga un ritmo establecido

Mientras marcha hacia la finalización del proyecto, puede que su equipo y usted hayan perdido parte del impulso inicial. Cuando esto ocurra, se encontrará con problemas más difíciles de resolver. Puede resolver este problema estableciendo un ritmo constante para ahorrar energía y alentar a los demás a hacer lo mismo. Permita que los miembros del equipo expresen cómo se sienten cuando se establezca el ritmo, y plantee qué herramientas necesitan para completar determinadas tareas, para que tengan lo que requieren cuando lo necesiten. Promueva descansos cortos, de 5 minutos, cuando sea necesario, pero siempre vuelva al proyecto con el ritmo establecido cuando este tiempo haya pasado.

5. Se necesita un mínimo de planeación

Las reuniones deben darle al equipo la oportunidad de clarificar e identificar metas a corto plazo relacionadas con el objetivo general del proyecto. Estas metas pueden ser divididas en piezas más pequeñas para ayudar al equipo a completar sus tareas y entregar valor al cliente. Solo asegúrese de no utilizar mucho en la planeación, pero sí en la entrega.

6. Comuníquese cara a cara

Hablar cara a cara es el mejor método de comunicación. Puede compartir una gran cantidad de información de manera eficiente y eliminar la incertidumbre del tono o mensaje.

7. Manténgase Motivado

Si los miembros del equipo están motivados, harán un trabajo de calidad. Encuentre los miembros que están más motivados a alcanzar el éxito y permítales tener la responsabilidad de encargarse de las tareas de la manera que consideren apropiada. De la posesión y la autonomía surgirá la motivación y el trabajo de valor.

8. Permita que su equipo se organice por su cuenta

Ágil está muy lejos de ser micro-gestión. No ordenará acciones específicas ni tomará decisiones por el equipo. Ahora, les permitirá determinar la mejor estructura para realizar el trabajo. Facilite este proceso, pero no dicte o trate de guiar cómo debería ser.

9. Simple, simple, simple

En todo momento y todo lugar, haga que todo sea simple: comunicación, reuniones, planes, procesos, mediciones. Si puede ponerle un nombre, haga que sea simple.

10. Revise el trabajo con frecuencia para que se haga un hábito

Su meta es llegar al final. Si sus acciones no se acercan a esto, debe detenerse y ajustarlas apropiadamente. La mejor manera de saber si está cumpliendo con su objetivo es detenerse y revisar sus acciones y esfuerzos. Hágalo con frecuencia, así no perderá tiempo yendo en la dirección equivocada.

Conclusión

El próximo paso es planificar una reunión con los ejecutivos y comenzar la discusión sobre cómo se puede implementar el método ágil en su compañía. Es posible que, debido a su versatilidad, ya haya imaginado cómo funcionará y por qué traerá beneficios al negocio. Ahora debe conseguir el apoyo de los demás. Enséñeles este libro para comenzar el proceso. Cuanto más convencidos estén y tengan más conocimiento sobre sus jugadores clave, ágil traerá mejores resultados al ambiente laboral. Con esto conseguirá el apoyo que necesita y logrará el éxito. Los hábitos se formarán, y el éxito se volverá algo natural, y usted será el responsable de haber traído esta herramienta a la empresa. ¡Felicitaciones!

Cuando haga que sus compañeros piensen igual que usted, debe determinar qué metodología utilizará. Este podría ser un período de ensayo y error para su compañía. Trate de poner en práctica uno de los métodos presentados en los capítulos de este libro para facilitar la transición exitosa al ambiente ágil. Recuerde que el ambiente debe ser ágil, no solo comportarse como tal. Cuando se dé con el método apropiado, verá cómo la posesión de los equipos aumenta con cada proyecto que sea completado para el enfoque ágil.

www.ingramcontent.com/pod-product-compliance
Lightning Source LLC
Chambersburg PA
CBHW070956240526
45469CB00016B/1339